Sandra C. A. Pelegrini

PATRIMÔNIO CULTURAL: CONSCIÊNCIA E PRESERVAÇÃO

Copyright © 2009 Sandra C. A. Pelegini
Nenhuma parte desta publicação pode ser gravada, armazenada em sistemas eletrônicos, fotocopiada, reproduzida por meios mecânicos ou outros quaisquer sem autorização prévia da editora.

Diretora e editorial: *Maria Teresa B. de Lima*
Editor: *Max Welcman*
Revisão: *Maristela Silva da Nóbrega*
Design da capa, projeto gráfico e diagramação: *Iago Sartini*
Foto da capa: *Marina García*

Dados Internacionais de Catalogação na Publicação (CIP)
(Câmara Brasileira do Livro, SP, Brasil)

Pelegrini, Sandra C. A.
  Patrimônio cultural : consciência e preservação /
Sandra C. A. Pelegrini. - São Paulo : Brasiliense, 2009.

  Bibliografia
  ISBN 978-85-11-00133-4

  1. Patrimônio cultural - Proteção 2. Preservação
Histórica I. Título

09-04849   CDD-363.69

Índices para catálogo sistemático:
1. Patrimônio cultural : Memória e preservação 363.69

editora brasiliense ltda.
Rua Antônio de Barros, 1839 - Tatuapé
CEP 03401-001 - São Paulo – SP
www.editorabrasiliense.com.br

Sandra C. A. Pelegrini

PATRIMÔNIO CULTURAL:
CONSCIÊNCIA E PRESERVAÇÃO

editora brasiliense

Para Bruna Luíza, Thais Angélica, Thiago, Dayenne
e outras gerações que estão por vir...

Agradeço a Fundação Araucária, ao CNPq, ao NEE/Unicamp e a Universidade Estadual de Maringá pelo apoio ao desenvolvimento deste estudo. Sou especialmente grata a Luismar Pelegrini, dra. Zélia L. da Silva (Unesp), dr. Pedro Paulo Funari (Unicamp), dra. Lourdes Domínguez (Oficia do Historiador – Cuba) dr. Fernando Campos e dr. José C. Calazans (Universidade Lusófona-Portugal), dra. Paz Cabello Carro (Museo de América – Espanha), dr. Lúcio Tadeu Mota (UEM), Olímpia Guerrero, Neide Munhoz, Rogério Araújo e Luis Augusto Oliveira pelo constante incentivo e colaboração. A responsabilidade pela concepção deste livro é da autora.

Sumário

INTRODUÇÃO 11

NOSSOS BENS CULTURAIS: HISTÓRIAS E IDENTIDADES 13

PATRIMÔNIO CULTURAL: CONHECENDO UM POUCO MAIS 19
Os sítios patrimoniais: os naturais, os culturais e os mistos 24
Conceitos essenciais 27
A educação patrimonial 36

IMPASSES SOBRE A ABORDAGEM DO PATRIMÔNIO NA SALA DE AULA 42
O planejamento das atividades didático-pedagógicas 44
Ousar e correr riscos 46
Formação e informação: uma via de mão dupla 49
As escolhas temáticas 54

A FORMAÇÃO DO ARQUIVO PESSOAL DO EDUCADOR 60
A preparação do material de apoio 60
Os textos geradores 68
Estratégias para a confecção dos planos de aula 80
Dos planos de aula aos projetos mais ambiciosos 91
Momentos de celebração na escola e a sensibilização da comunidade 97

A EDUCAÇÃO PATRIMONIAL: UM DESAFIO PARA OS LATINO-AMERICANOS E CARIBENHOS 100
Trajetórias da educação patrimonial no Brasil 100
Os bens culturais chilenos e as políticas educacionais (1996-2002) 104
A política patrimonial em Cuba 108
A instituição escolar, o patrimônio e a cidadania 112

REFLEXÕES FINAIS 119

SUGESTÕES DE LEITURA, DOCUMENTÁRIOS, FILMES E SITES 122

SOBRE A AUTORA 133

Roteiro de trabalho

ATIVIDADES
Atividade 1 – Fontes audiovisuais e a temática do patrimônio 63
Atividade 2 – Fontes textuais: a problematização da palavra escrita 64
Atividade 3 – Os registros fotográficos e a memória social 67
Atividade 4 – A percepção da matéria jornalística: "Patrimônio de aluguel" 73
Atividade 5 – O jornalismo e as questões atuais: "Ações do homem levam a mudanças climáticas" 75
Atividade 6 – A redescoberta do patrimônio artístico local 92
Atividade 7 – Os bens culturais imateriais da Festa do Círio de Nazaré, na cidade de Belém do Pará 94
Atividade 8 – O patrimônio imaterial e os segredos da culinária brasileira 96

EXERCÍCIOS
Exercício lúdico 1 – Os anagramas e os bens culturais 83
Exercício lúdico 2 – Um "caça-palavras" voltado aos centros históricos e aos parques nacionais 84
Exercício lúdico 3 – *Narradores de Javé* sob a ótica da construção da memória social 89

TEXTOS
Texto gerador nº 1 – Questões atuais: "Patrimônio de aluguel" 69
Texto gerador nº 2 – Questões atuais: "Ações do homem levam a mudanças climáticas" 71
Texto gerador nº 3 – Constituição Federal de 1988 79

Introdução

Patrimônio cultural: consciência e preservação é um livro escrito com linguagem objetiva e visa apresentar instrumentos didático--pedagógicos que possam auxiliar professores do ensino fundamental, médio e profissionalizante a se preparem para tratar o patrimônio em sala de aula como "legado vivo", recebido do passado, vivenciado no presente e transmitido às gerações futuras. Nessa direção, buscamos elucidar as relações entre o patrimônio cultural, as memórias e as identidades, assessorando o planejamento de atividades didáticas por meio da sugestão de exercícios que favoreçam a apreensão da importância da proteção dos bens culturais e naturais.

Para tanto, tornamos acessíveis os principais conceitos que envolvem a referida problemática, enfocando os bens culturais materiais e imateriais e também algumas metodologias da educação patrimonial, fundamentadas nas experiências realizadas no Brasil, no Chile e em Cuba. Ademais, por meio de abordagem abrangente, este livro instiga professores, estudantes de graduação e leitores curiosos (incluindo líderes comunitários e membros de ONGs) a refletir sobre acepções imprescindíveis no trato do patrimônio. Tais noções constituem conhecimentos basilares para o desenvolvimento de ações em defesa da cultura e do meio ambiente, além de contribuir para o desvendamento de alguns mitos que se criaram acerca do tombamento e do desenvolvimento sustentável.

Desse modo, o livro visa dinamizar o ensino e a aprendizagem sobre o tema de forma aprofundada, porém inteligível a todos. Outrossim, sugere uma efetiva articulação entre a educação e a consciência da salvaguarda, ou seja, entre a escola, o patrimônio e o exercício da cidadania, recursos capitais para a promoção do direito à memória e à diversidade cultural. Enfim, este livro demonstra o compromisso com um processo educativo prazeroso e empenhado na reflexão sobre as questões do nosso tempo.

Nossos bens culturais: histórias e identidades

O prazer de declamarmos poemas e nos regalarmos com o devaneio dos "causos caipiras", dos cordéis e dos romances nos permitem adentrar nas trilhas da imaginação dos trovadores populares e nas veredas da literatura brasileira. Tudo isso implica interagir com o imaginário e o universo fantástico desses autores. Ademais, os antigos já diziam: "Quem conta um conto, aumenta um ponto!". Esse ditado popular oferece pistas de quão dinâmicas são as manifestações culturais.

A fruição das obras de arte, suas cores, traçados e volumes constituem experiências excepcionais. O ato de contemplar as distintas formas arquitetônicas, da colonial à moderna, nos faz perceber a grandiosidade do gênio humano. Aliás, os detalhes das talhas em madeira folheadas a ouro nos templos barrocos mineiros, os vitrais da Catedral de Brasília, bem como as esculturas lapidadas em pedra-sabão por Aleijadinho e os painéis de Portinari na Igreja da Pampulha emocionam até os agnósticos.

Com efeito, em meio aos jogos, bailados e cantigas desfrutamos a alegria contagiante da capoeira, do frevo, do maracatu, do samba de roda, do fandango, da chula e do forró, entre tantas outras formas de expressão, sonoridades e danças. O ato de brincarmos o carnaval nos salões ou nos desfiles das escolas de samba e de participarmos da folia dos trios elétricos também configuram práticas incorporadas à nossa cultura.

Não raro, reverenciamos os santos, outras vezes, os orixás e os encantados. Com frequência, nós transgredimos do religioso ao profano, do culto aos festejos e, fortuitamente, provamos os sabores diversificados de nossa culinária. As festas de Santo Antônio, São João, São Pedro e Cosme e Damião entusiasmam adultos, jovens e crianças.

As belezas naturais do nosso litoral, dos vales do sul, das grutas e cachoeiras são reconhecidas internacionalmente. Turistas vêm visitar o Brasil e acabam seduzidos pela diversidade da nossa flora e fauna. Alguns até permanecem aqui e exploram da Amazônia aos recônditos mais singelos do cerrado de nosso país; do Pantanal mato-grossense às cataratas de Foz de Iguaçu. E nós, o que fazemos? Na maioria das vezes, ficamos inertes. Não temos acesso a bens tão preciosos, nem tampouco consciência do valor de nosso patrimônio ambiental e cultural.

Mas, de alguma forma, essa exuberância natural e riqueza cultural nos preenchem de um sentimento vigoroso que nos vincula às nossas tradições e nutre o sentido de pertença aos nossos lugares de origem. Todos esses elementos integram a nossa "brasilidade", nossa identidade comum.

Com efeito, a mistura étnica resultante do violento processo de colonização, bem como a incorporação dos imigrantes que vieram de várias partes do mundo para cultivar a terra, trabalhar nas indústrias e no comércio (entre outras atividades econômicas), trazendo consigo outros costumes e conhecimentos, outras formas de convívio social e religiosidades corroboraram para a formação dessa cultura múltipla e plural. Essa interação resultou em um amálgama de práticas, engendrou hábitos e maneiras singulares de celebrar a vida.

Por certo, todos esses bens culturais apreendidos como "expressões da alma dos povos"[1] conjugam as reminiscências e o sentido de pertencimento dos indivíduos, articulando-os a um ou mais grupos e lhes assegurando vínculos identitários. Não obstante, as reiteradas ameaças às tradições culturais e ao meio, tão corriqueiras na atualidade, abalam as perspectivas da própria sobrevivência humana. Por essa razão, agentes sociais distintos, profissionais das mais diversas áreas do conhecimento e admiradores dos múltiplos "tesouros da humanidade" se movimentam para garantir a salvaguarda de paisagens naturais e culturais, das festas profanas e religiosas, dos vestígios arqueológicos, das obras de arte, dos

---

[1] Essa terminologia é recorrente nos documentos da Organização das Nações Unidas para Educação, a Ciência e a Cultura (Unesco) como: *Declaração Universal sobre a Diversidade Cultural* (2001) e *Convenção para a Salvaguarda do Patrimônio Cultural Imaterial* (2003). Disponível em http://www.unesco.org.br.

monumentos e bens culturais imateriais. Além disso, na esperança de promover saídas para os impasses da preservação dos patrimônios intangíveis, esses cidadãos sugerem o acautelamento e o registro de ofícios e saberes populares, de rituais e crenças.

Para termos uma ideia da dimensão que tais discussões vêm alcançando vale lembrarmos as ações do Greenpeace, entidade sem fins lucrativos que reúne ativistas adeptos da não violência, mas dispostos a se colocar como "barreiras humanas" para evitar danos ambientais. No Brasil, o lançamento da Campanha da Fraternidade, pela Conferência Nacional dos Bispos do Brasil (CNBB), em 21 de fevereiro de 2007, adquiriu significativa repercussão e recebeu apoio internacional, apesar de apresentar-se um tanto tardiamente. "Fraternidade e Amazônia" foi uma mobilização que reivindicou ao governo brasileiro o combate ao desmatamento e, sobretudo, garantias para a sobrevivência dos povos da mata – exigência que vem sendo pauta de outras organizações desde longa data.

O Fórum Econômico Mundial de Davos (Suíça), realizado em janeiro de 2007, também privilegiou o debate sobre o aquecimento global.[2] Até o então presidente dos Estados Unidos da América, George W. Bush admitiu, publicamente, pela primeira vez, a necessidade de redução dos gases tóxicos na atmosfera do planeta. Todavia, qual a motivação concreta desse discurso de Bush? Será que objetivava desviar as atenções da população estadunidense do fracasso das intervenções no Iraque e dissimular suas nefastas políticas de desenvolvimento que afetaram a atmosfera do planeta?

É fato que as autoridades daquele país se esquivaram das recomendações da Eco-92 (realizada no Rio de Janeiro) e tampouco assinaram o Protocolo de Kyoto – iniciativas internacionais que

---

[2] O Fórum Econômico Mundial (FEM ou WEF, respectivamente, siglas em português e inglês) é uma organização internacional independente, sem fins lucrativos, idealizada pelo professor alemão Klaus Schwab, em 1971, na cidade suíça de Davos. Seu objetivo inicial se restringia a reunir associações de indústrias europeias. A partir de 1987 ampliou-se e buscou debater até mesmo soluções para os conflitos internacionais. O evento passou por várias transformações e, desde a metade da primeira década do século XXI, reúne líderes mundiais, intelectuais, representantes de organizações não governamentais (ONGs) e personalidades do mundo empresarial, artístico e político. Nas suas três últimas edições tem se ocupado de questões referentes ao aquecimento global, terrorismo e crise econômica, além de problemáticas relativas à governança corporativa.

visaram à implementação de providências para conter o "efeito estufa". Ademais, mantiveram-se alheias às várias negociações internacionais em prol da preservação do meio, realizadas entre os anos de 1992 e 1997.

As discussões em torno desse tema reuniram representantes de várias nações na cidade de Kyoto, Japão (1997), contudo os interesses econômicos conflitantes estenderam as negociações até o ano 2004, quando finalmente o documento foi oficializado. Esse compromisso internacional entre as grandes potências centrou-se na adoção de medidas devotadas a minimizar as agressões sofridas pela camada de ozônio, causadas pelo lançamento de gases poluentes na atmosfera, em especial daqueles que resultam da queima de combustíveis fósseis. Mas, novamente, os Estados Unidos não seguiram as recomendações contidas no Protocolo de Kyoto.

As edições do Fórum Econômico Mundial de 2008 e 2009, embora tenham colocado em pauta as mudanças climáticas e o desenvolvimento sustentável, em face da crise econômica estadunidense, devotaram maior ênfase às reflexões sobre a luta contra o terrorismo internacional e o crescimento econômico global.[3] Ainda assim, Valerie Jarrett, assessora das Relações Intergovernamentais de Barack Obama, afirmou, em nome do presidente, que dos impasses enfrentados no século XXI: "O terrorismo, a proliferação nuclear, as mudanças climáticas, a pobreza, a busca pela paz são mundiais" e exigem "respostas conjuntas".[4] As evidências apontam para o fato de que as grandes potências mundiais finalmente parecem se dar conta da gravidade dessas questões.

O crescente interesse pelos problemas que ameaçavam a existência de vida no planeta encorajou a inclusão da educação patrimonial e ambiental nos currículos, de diversos níveis do ensino, no decorrer da década de 1990, em parte dos países signatários da

---

[3] Sobre a programação desses dois fóruns, ver acervo digital da revista *Veja* (23/1/2008) e *Folha Online* (28/1/2009): http://veja.abril.com.br/noticia/internacional/pessimismo-marca-inicio-forum-328749.shtml (acessado em 15/5/2009) e http://www1.folha.uol.com.br/folha/dinheiro/ult91u493710.shtml (acessado em 28/1/2009).

[4] A matéria completa, publicada em 29/1/2009, pela *France Presse* (Davos), pode ser consultada na *Folha Online*: http://www1.folha.uol.com.br/folha/dinheiro/ult91u496054.shtml. Acessada em 30/1/2009.

Organização das Nações Unidas para a Educação, a Ciência e a Cultura (Unesco). No Brasil, essa preocupação foi contemplada mediante a inclusão de temas transversais nos Parâmetros Curriculares Nacionais no Ensino Fundamental (PCN/1998) e por meio da organização de novas grades curriculares das disciplinas dos cursos de graduação – conforme o Parecer do Conselho de Educação Superior (CNE/CES 13/2002). No caso de história foram inseridas novas habilidades na formação dos professores, tais como: "Gestão de políticas de preservação do patrimônio histórico", "História da arte" e "Arquivística" (CES 492/2001 – Resolução do Conselho Nacional de Educação, publicada no *Diário Oficial da União*).

Pois bem, a abertura do ensino às questões do nosso tempo e o fascínio por esse assunto estimulou a concepção deste livro, cujo objetivo centrou-se na apresentação de fundamentos teóricos e metodológicos que visam auxiliar a capacitação de professores e demais interessados nas questões do patrimônio.

A relevância conferida a essa abordagem tornou imperiosa uma reflexão sobre procedimentos práticos, capazes de viabilizar a inserção da temática do patrimônio no ensino médio, fundamental e profissionalizante e a sua utilização como fontes de aprendizado e pesquisa, uma vez que constituem mananciais agregadores capazes de envolver educadores, estudantes e demais cidadãos na descoberta e proteção dos bens culturais e naturais que os cercam. A valorização das tradições orais, saberes e ofícios mais caros aos membros da comunidade onde essas pessoas vivem favorecerão a conservação das memórias e histórias locais.

Com tal intuito, de início expomos algumas noções indispensáveis ao trato dos bens culturais e ao planejamento das atividades didático-pedagógicas que envolvem o patrimônio. Na sequência, indicamos métodos para a sistematização de informações que encorajem o próprio educador a enfrentar os desafios relativos à inserção desse tema nos seus planos de aula. Exercícios complementares aos conteúdos apresentados aos alunos por meio de aulas expositivas e da mostra de programas educativos, fotografias, matérias jornalísticas, obras de arte e filmes são tomados como suportes para a introdução do debate sobre a necessidade da preservação das culturas e do planeta, a começar pelos espaços da escola e de seu entorno.

Nessa linha de abordagem, sugerimos a criação de produções textuais, desenhos, caça-palavras, anagramas, maquetes, adaptação de jogos de memória e de dominó apropriados às menores faixas etárias. A concepção de games digitais por adolescentes e jovens que têm acesso à informática também pode se transformar numa atividade lúdica saudável.

Mais adiante, propomos leituras dirigidas e discussões acerca de fragmentos de matérias publicadas em revistas especializadas ou jornais nacionais e locais. Essas atividades, antes de informar o educador, certamente oferecem o embasamento necessário para que ele desenvolva o exercício crítico e manuseie instrumentos que facilitem o exercício de seu ofício e a confecção de seus planos de aula.

A responsabilidade dos profissionais da educação e as abordagens comprometidas com o social, como bem o lembram os autores Leandro Karnal[5] e Carla Bassanezi Pinsky[6], convertem-se a um só tempo num convite e num desafio para a compreensão dos problemas do nosso tempo. Ademais, o mergulho prazeroso na imensa seara que envolve o trato dos bens culturais e naturais induzirá os leitores a desvendar alguns mitos que se criaram em torno das acepções de inventário, tombamento, conservação integrada, preservação, reabilitação, revitalização, desenvolvimento sustentável, efeito estufa e aquecimento global.

Sem dúvida, o contato dos estudantes com a cultura material e os bens imateriais, paisagísticos e ambientais de suas comunidades promoverá maior interesse pela história de nosso país e o respeito pela diversidade de nosso patrimônio[7], contribuindo para aguçar a "consciência da salvaguarda".

---

[5] Leandro Karnal, *História na sala de aula* (São Paulo: Contexto, 2004).
[6] Carla Bassanezi Pinsky, *Fontes históricas* (São Paulo: Contexto, 2005).
[7] Sandra C. A. Pelegrini e Pedro Paulo Funari, *O que é patrimônio cultural imaterial* (São Paulo: Brasiliense, 2008).

Patrimônio cultural:
conhecendo um pouco mais

O entendimento que temos do conceito de patrimônio deriva de formulações gradualmente engendradas acerca da cultura no mundo ocidental. Desde a Antiguidade, alguns objetos e obras de arte vêm sendo preservados mediante ensejos de cunho político, cultural ou religioso; no entanto, uma apreciação mais densa sobre os valores e significados dos bens conservados aflorou nas décadas finais do século XVIII, sobretudo após a Revolução Francesa. A partir de então vem se ampliando as formas de tratamento dos bens dotados de valor histórico e cultural, orientadas por políticas preservacionistas e legislações específicas para a restauração e reabilitação do patrimônio, como bem o lembra a estudiosa Françoise Choay[8].

Os motins e destruições ocorridos no decorrer do processo revolucionário francês de 1789 comprometeram a integridade de vários monumentos que representavam o passado monárquico. Tal fato suscitou a necessidade de os revolucionários conservarem os "testemunhos" da história francesa, julgados referências da história nacional e do interesse público[9]. De todo modo, ao repelir a pilhagem e a destruição dos imóveis e das obras de arte pertencentes ao clero e à nobreza, o Estado os tomou como bens elevados à condição de propriedade pública. Assim, como salienta Márcia Sant'Anna, a noção de patrimônio nacional engendrou-se mediante um embate que, simultaneamente, recorreu ao sentimento nacional e às conveniências financeiras relativas ao valor econômico dos referidos objetos de arte, móveis ou imóveis[10].

Diversas nações europeias, no decorrer do século XIX, foram organizando estruturas públicas e privadas devotadas à conservação,

---

[8] Françoise Choay, *A alegoria do patrimônio* (São Paulo: Liberdade/Unesp, 2001), p. 94-95.
[9] Ibid., p. 95.
[10] Márcia Sant'Anna, "Políticas públicas e salvaguarda do patrimônio cultural imaterial", em Andréa Falcão, *Registro e políticas de salvaguarda para as culturas populares* (Rio de Janeiro: Iphan/CNFCP, 2005), p. 47.

salvaguarda e seleção dos bens considerados patrimônios nacionais. Ainda assim, o entendimento que essas entidades tinham de patrimônio se restringia às edificações, aos monumentos e objetos de arte, vistos como exemplares autênticos e geniais das riquezas nacionais. Todavia, a proteção desses bens foi institucionalizada a princípio pela França, em 1830, mediante a criação da Inspetoria dos Monumentos Históricos, cuja ação se restringia ao "recenseamento" do patrimônio.

A salvaguarda oficial foi objeto da legislação promulgada em 31 de dezembro de 1913, quando foi implementado um dos primeiros instrumentos legais de proteção ao patrimônio como o *classement*, ou seja, uma norma que impelia a mutilação ou destruição dos monumentos nacionais franceses. A partir de então, essa prática difundiu-se entre alguns países ocidentais que adotaram suas respectivas legislações.

Passados cerca de dezessete anos, autoridades das mais diversas áreas do conhecimento e esferas públicas de poder, como arquitetos, diplomatas, políticos e historiadores, se mobilizaram em torno de congressos internacionais que buscavam soluções para os impasses do crescimento urbano, da qualidade de vida nas cidades e inclusive da necessidade da preservação de determinados patrimônios históricos, artísticos e paisagísticos dos Estados nacionais e, quiçá, de toda a humanidade. Dessa maneira, os congressistas passaram a sugerir recomendações por meio de documentos denominados "Cartas patrimoniais", cujo objetivo fundamentava-se na proposição de diretrizes capazes de resolver os principais problemas das grandes metrópoles que estavam em pleno crescimento nas décadas de 1930 e 1940, sem comprometer os monumentos ou edificações arquitetônicas consideradas portadoras de excepcionais valores artísticos ou históricos.

Essas iniciativas acabaram interrompidas diante da eclosão da Segunda Guerra Mundial. A consternação e o choque causados pelo maior conflito bélico até então deflagrado no globo e o envolvimento de tantas nações ao mesmo tempo assustaram a população e as mais diversas lideranças políticas mundiais. Esses fatores, somados à constatação da capacidade destrutiva do arsenal utilizado nessa guerra e as dimensões da crueldade humana expressas como demonstração de força das distintas nações envolvidas, tornaram prioritárias a criação de entidades que pudessem mediar as relações internacionais. A perspectiva de estabelecer compromissos em defesa da paz no planeta e da integridade humana evidenciou a proeminência da criação de órgãos devotados à instituição de pactos com a finalidade de estimular experiências educacionais e o desenvolvimento da ciência e da tecnologia com fins construtivos e humanitários. Nesse contexto, foi fundada a Unesco, que encampou, inclusive, as ações em prol dos direitos humanos e do patrimônio histórico e passou a catalisar ações direcionadas a estimular a implantação de políticas públicas favoráveis à conservação dos bens culturais em várias partes do globo terrestre, inclusive no Brasil.

A proposição voltada à difusão dos conhecimentos e obras representativas da genialidade humana passou a ser incentivada na década de 1930, a partir da formulação da *Carta de Atenas* (1931) que restritivamente recomendava aos educadores habituarem "a infância e a juventude a se absterem de danificar os monumentos", de modo a aumentar o interesse deles "pela proteção dos testemunhos de toda a civilização". Nessa linha interpretativa, a *Declaração de Amsterdã* (1975) sugeria a "educação dos jovens e seu envolvimento nas tarefas" relacionadas à defesa do patrimônio. Contudo, a proposição da educação nesse campo foi defendida na "Carta internacional para a salvaguarda das cidades históricas", formulada pelo Icomos, em 1987. Esta aconselhava a adoção de programas de informação divulgados "desde a idade escolar".

Importa-nos destacar que a relevância atribuída aos bens de natureza imaterial é praticamente nova entre a civilização ocidental, mas não entre os países orientais. Nestes últimos, a preservação das tradições incidiu, principalmente, sobre a valorização da transmissão dos "saberes" referentes aos processos de produção artesanal, mais do que acerca dos objetos resultantes de tais conhecimentos. Desse ponto de vista, parece haver uma integração maior entre os elementos da tradição e as práticas coletivas no presente. Apenas para citar um exemplo, essa acepção de patrimônio informou a primeira lei implantada no Japão, em 1950, com o objetivo de apoiar "pessoas e grupos que mantêm as tradições cênicas, plásticas, ritualísticas e técnicas que compõem esse patrimônio"[11]. A partir disso, percebemos que a compreensão de patrimônio das civilizações orientais e ocidentais é diferenciada.

Não podemos esquecer também que nos países asiáticos e naqueles denominados integrantes de "Terceiro Mundo" foram valorizadas as criações populares, não raro anônimas, consideradas relevantes entre as populações residentes. Tradições, talvez, reconhecidas como processos culturais, práticas rituais e relações usuais com o meio ambiente, mais importantes do que o patrimônio material eleito pelas elites locais como patrimônios nacionais.

Oficialmente, os países ocidentais passaram a perceber e a considerar tais questões a partir de 1989, por meio da *Recomendação da salvaguarda da cultura tradicional e popular*, aprovada pela Conferência Geral da Unesco. Esse documento sintetiza a preocupação com "a identificação, a conservação, a difusão e a proteção da cultura tradicional e popular", efetuada por meio de registros, inventários, investimentos econômicos e educacionais que envolvem a propriedade intelectual dos conhecimentos tradicionais. Somente em 17 de outubro de 2003, outra Carta Patrimonial denominada *Convenção para a salvaguarda do patrimônio cultural imaterial*, aprovada pela Unesco, propôs o reconhecimento do patrimônio cultural imaterial como práticas, representações, expressões, conhecimentos e técnicas, com os respectivos instrumentos, objetos, artefatos e lugares que lhes eram associados.

Parece-nos correto afirmar que, na década de 1990, o interesse patrimonial ainda tendeu a se circunscrever ao patrimônio edificado e dos monumentos, mas ampliamos a percepção de que os centros históricos não podiam ser vistos como elementos dissociados da cidade ou isolados do contexto urbano onde se encontravam inseridos. Entretanto, a realização do seminário brasileiro *Patrimô-*

---
[11] Ibid., p. 49.

nio imaterial: estratégias e formas de proteção contribuiu para a definição de novas diretrizes a favor do nosso patrimônio.

Concretizado entre 10 e 14 de novembro de 1997, em Fortaleza, sob os auspícios do Instituto do Patrimônio Histórico e Artístico Nacional – Iphan, aquele seminário integrou as atividades comemorativas aos sessenta anos de criação do órgão. O evento promoveu o debate entre especialistas, membros de instituições públicas e da sociedade civil, inclusive da Unesco, visando reunir subsídios que permitissem a elaboração de diretrizes e a criação de instrumentos legais e administrativos para identificar, resguardar e fomentar "as formas de expressão, os modos de criar, fazer e viver as criações científicas, artísticas e tecnológicas, oferecendo especial atenção àquelas referentes à cultura popular". Seguindo os preceitos do artigo 216 da Constituição de 1988, o objetivo principal do seminário centrou-se na defesa dos "bens portadores de referência à identidade, à ação e à memória dos diferentes grupos formadores da sociedade brasileira", considerados em toda a sua complexidade, diversidade e dinâmica.

Nessa direção, a *Carta de Fortaleza*[12] aconselhava que a preservação do patrimônio cultural fosse "abordada de maneira global, buscando valorizar as formas de produção simbólica e cognitiva"; que fosse "constituído um banco de dados" relativo aos bens culturais "passíveis de proteção, tornando a difusão e o intercâmbio das informações ágil e acessível"; que fossem realizadas "parcerias com entidades públicas e privadas com o objetivo de conhecer as manifestações culturais de natureza imaterial sobre as quais já existam informações disponíveis". O documento ainda salientava a relevância do desenvolvimento de um Programa Nacional de Educação Patrimonial com vistas a ampliar as atenções em relação ao patrimônio cultural brasileiro.

De toda forma, os bens culturais tomados como "legado vivo" que recebemos do passado, vivemos no presente e transmitimos às gerações futuras, reúnem referenciais identitários, memórias e histórias – suportes preciosos para a formação do cidadão. As memórias

---

[12] Disponível em http://portal.iphan.gov.br. Acessado em 15/4/2009.

e referências do passado fundamentam, por um lado, a coesão entre os indivíduos que compartilham afetos, sensibilidades, tradições e histórias. E, por outro, evidenciam diferenças culturais que podem favorecer a aceitação da diversidade como valor essencial para o convívio em sociedade.

Logo, o direito à memória e ao acautelamento do patrimônio cultural de distintos grupos que convivem num mesmo país (estado ou região) constituem exercícios de cidadania importantes para fundamentar as bases das transformações sociais necessárias para a coletividade. Além disso, o reconhecimento de identidades plurais (sejam elas de gênero, religião ou etnia) pressupõe a coexistência entre características culturais distintas que no seu conjunto contribuem para a conformação de afinidades mais amplas, como é o caso das identidades nacionais.

O artigo sétimo da Declaração Universal da Unesco a respeito da diversidade cultural, datada de 2005, dispõe que "toda criação tem suas origens nas tradições culturais" e se desenvolve "plenamente" por meio do diálogo entre as culturas. Essa carta argumenta que os bens culturais, em todas as suas formas, devem ser preservados, valorizados e transmitidos às gerações futuras "como registros da experiência e das aspirações humanas".

Nessa direção, torna-se necessário conhecermos as classificações e as terminologias que envolvem os bens culturais.

Os sítios patrimoniais:
os naturais, os culturais e os mistos

Os sítios patrimoniais englobam bens materiais e imateriais referentes às identidades, à ação e à memória dos diferentes grupos da sociedade humana, manifestos por meio de distintas formas de expressão; criações científicas, artísticas e tecnológicas; objetos, documentos, edificações, paisagens culturais, conjuntos urbanos, sítios históricos e arqueológicos. Os sítios mistos reúnem tanto os elementos naturais como os culturais.

O conceito de patrimônio, apesar da ampliação de seus significados, continua sendo associado às distintas áreas do conhecimento científico. O consultor da Unesco, Hugues de Varine Boham[13] (1974), assinala que o patrimônio cultural conjuga representações da memória social, divididos em três grandes grupos. O primeiro deles refere-se ao meio ambiente. O segundo engloba a produção intelectual humana armazenada ao longo da história. O último agrega os bens culturais resultantes do processo de sobrevivência humana. Por essa via, são reconhecidos três tipos de sítios patrimoniais: os naturais, os culturais e os mistos. Os sítios naturais são constituídos por formações físicas, biológicas ou geológicas excepcionais, hábitats animais, vegetações ameaçadas e áreas que tenham valor científico, histórico ou estético.

A lista do patrimônio mundial da humanidade inclui cerca de 830 sítios considerados de excepcional valor pelo Comitê de Patrimônio Mundial, da Convenção de Herança Mundial – a Unesco (1972). Entre eles, incluem-se 644 de natureza cultural, 162 sítios naturais e 24 mistos. A lista dos bens inclusos nessa lista pode ser observada no site oficial da Unesco.

Além dos bens imateriais inseridos na *Lista das obras mestras do patrimônio oral e imaterial*, como o samba de roda do Recôncavo Baiano, da pintura corporal conhecida como "Arte Kusiwa" e da "Arte Gráfica Wajãpi" (do Amapá) proclamadas, em 2003, obras-primas do patrimônio imaterial da humanidade, o Brasil possui 17 bens materiais inscritos na Lista do Patrimônio Mundial:

- Conjunto arquitetônico e urbanístico de Ouro Preto, Minas Gerais (1980);
- Conjunto arquitetônico, paisagístico e urbanístico de Olinda, Pernambuco (1982);
- Ruínas da Igreja de São Miguel das Missões, Rio Grande do Sul (1983);

---

[13] Hugues de Varine Boham, *A experiência internacional*: notas de aula, Unesco, 1974.

- Conjunto arquitetônico e urbanístico de Salvador, Bahia (1985);
- Santuário do Bom Jesus de Matosinhos – Congonhas, Minas Gerais (1985);
- Parque Nacional do Iguaçu – Foz do Iguaçu, Paraná (1986);
- Conjunto urbanístico, arquitetônico e paisagístico de Brasília, Distrito Federal (1987);
- Parque Nacional Serra da Capivara – São Raimundo Nonato, Piauí (1991);
- Conjunto arquitetônico e urbanístico do centro histórico de São Luís, Maranhão (1997);
- Conjunto arquitetônico e urbanístico do centro histórico de Diamantina, Minas Gerais (1999);
- Conjunto paisagístico do Pantanal mato-grossense, Mato Grosso e Mato Grosso do Sul (2000);
- Conjunto paisagístico do Parque Nacional do Jaú, Amazônia área ocidental (2000) e área central (2003);
- Costa do descobrimento – Bahia (1999);
- Mata Atlântica do Sudeste – (2000);
- Parque Nacional das Emas e Parque Nacional da Chapada dos Veadeiros, cerrado brasileiro (2001);
- Centro histórico de Goiás (2001);
- Reservas de Fernando de Noronha e Atol das Rocas, Ilhas Atlânticas (2001).

Alguns bens da lista do patrimônio mundial, no entanto, se encontram em perigo. Uns sofrem com a deterioração decorrente da ação do tempo, outros foram parcialmente destruídos em razão de conflitos bélicos, da poluição, de terremotos ou de outras catástrofes naturais. Existem aqueles vitimados por furtos e pelas consequências do crescimento urbano desordenado e do desenvolvimento turístico descontrolado.

No ano de 2006, verificamos que 31 dos 830 sítios do patrimônio mundial foram inseridos na *Lista de herança mundial em perigo*.

Entres esses locais, destacamos o Parque Nacional de Garamba, Kahuzi-Biega, Salonga, Virunga e a Okapi – reservas de vida selvagem na África; o rio Plátano Biosfera – reserva em Honduras; o vale de Bamiyan, no Afeganistão; a cidade cercada de Baku no Azerbaijão; a cidade iraniana de Bam, entre outros locais. O patrimônio arquitetônico e urbano do vale de Kathmandu, no Nepal, também foi severamente afetado pelo desenvolvimento urbano descontrolado. Esses sítios ameaçados em sua integridade, ao serem inseridos na lista do patrimônio em perigo, recebem maior atenção do Comitê de Patrimônio Mundial, bem como ajuda técnica e financeira para beneficiar os mesmos. No caso do Brasil, recentemente, a cidade de Ouro Preto foi incluída nessa lista. Todavia, a população residente, os políticos e comerciantes locais se mobilizaram e, com as autoridades e os técnicos (nacionais e internacionais), reverteram essa situação.

Conforme deliberação da Convenção de 1972, a conservação do Patrimônio Mundial deve se constituir como um processo contínuo. Para tanto, cabe aos Estados-membros a apresentação periódica de informes sobre o estado dos sítios, as medidas adotadas para preservá-los e os esforços no sentido de despertar o interesse público com relação ao patrimônio cultural e natural. Assim, se um país não cumpre as obrigações derivadas da Convenção, corre o risco de ter seus sítios retirados da Lista do Patrimônio Mundial.

Em termos práticos, convém lembrarmos que o patrimônio cultural divide-se em bens materiais (tangíveis) e imateriais (intangíveis) e existem algumas noções fundamentais que embasam as políticas preservacionistas, como veremos a seguir.

Conceitos essenciais

Como observamos acima, o patrimônio cultural divide-se em três tipos de sítios patrimoniais: os naturais, os culturais e os mistos. Os bens culturais que integram esses sítios também se dividem em bens materiais (ou tangíveis) e imateriais (ou intangíveis).

PATRIMÔNIO CULTURAL	
BENS TANGÍVEIS Bens móveis Bens imóveis	BENS INTANGÍVEIS Ideias, costumes, crenças, tradição oral, danças, rituais, saberes etc.

Ademais, os bens tangíveis ou materiais se subdividem em dois tipos:

Bens móveis
Objetos de arte
Objetos litúrgicos
Livros e documentos
Fósseis
Coleções arqueológicas
Acervos museológicos, documentais e arquivísticos

Bens imóveis
Monumentos
Núcleos urbanos e edifícios
Templos
Bens individuais
Sítios arqueológicos
Sítios paisagísticos

Essas noções básicas informam a identificação, documentação, restauração, conservação, preservação, fiscalização e difusão dos bens culturais considerados representativos de diversos segmentos do patrimônio cultural da humanidade.

No Brasil também é assim. Esses conceitos fundamentam a ação do Instituto do Patrimônio Histórico e Artístico Nacional (Iphan), que trabalha com um universo diversificado de bens culturais materiais, classificados segundo sua natureza e registrados em quatro *Livros do tombo*:

- *Livro do tombo arqueológico, etnográfico e paisagístico*;
- *Livro do tombo histórico*;
- *Livro do tombo das belas-artes*;
- *Livro das artes aplicadas*.

O instituto foi criado em 13/1/1937, pela Lei n° 378/1937 e opera no sentido da proteção dos bens culturais considerados representativos de diversos segmentos da cultura brasileira. Inicialmente, as suas ações fundamentaram-se em legislações específicas sobre cada um dos temas pertinentes ao seu universo de atuação. Entre elas, destacamos:
- Decreto-Lei n° 25/1937 cria o instituto do tombamento dos bens materiais;
- Lei de Arqueologia n° 3.924/1961 é destinada à salvaguarda de sítios arqueológicos;
- Constituição Federal de 1988 (em especial, os artigos 215 e 216) incorpora a ampliação do conceito de patrimônio cultural;
- Decreto-Lei n° 3.551/2000 define o estatuto da figura jurídica do registro de bens culturais de natureza imaterial;
- Decreto n° 5.040/2004 cria o Departamento do Patrimônio Imaterial do Iphan (DPI), que incorporou o Centro Nacional de Folclore e Cultura Popular em funcionamento desde 1958.

A partir da Constituição da República Federativa implantada em 1988, ficou estabelecido que ao poder público, em colaboração com a comunidade, cabia promover e defender o "patrimônio cultural brasileiro". Os artigos 215 e 216 prescreviam que esse patrimônio constituía os bens materiais e imateriais que se referiam à identidade, à ação e à memória dos diferentes grupos formadores da sociedade brasileira. Essa interpretação do patrimônio no Brasil, sem dúvida, impulsionou a criação de um novo instrumento de preservação no país: o Registro de Bens Culturais de Natureza Imaterial, implementado pelo Decreto n° 3.551/2000. Essa ampliação das frentes de tombamento do patrimônio histórico nacional, manifesta no registro de "bens imateriais notáveis", tornou imperiosa a criação de outras formas de acautelamento:
- *Livro de registro dos saberes*;
- *Livro das formas de expressão*;
- *Livro das celebrações*;
- *Livro dos lugares.*

Nos dois primeiros livros são inscritos os "conhecimentos e 'modos de fazer' enraizados no cotidiano das comunidades", armazenadas "as manifestações literárias, musicais, plásticas, cênicas e lúdicas". Os outros dois livros, a saber, o *das celebrações* e o *dos lugares*, se ocupam, respectivamente, dos "rituais e festas que marcam a vivência coletiva do trabalho, da religiosidade, do entretenimento e de outras práticas da vida social" e dos espaços onde se "concentram e reproduzem práticas culturais coletivas", como mercados, feiras, santuários, praças, entre outros.

Até 2008 foram reconhecidos nacionalmente os seguintes bens imateriais:

- Ofício das Paneleiras de Goiabeiras (dez./2002);
- Arte Kusiwa dos Índios Wajãpi (dez./2002);
- Samba de roda no Recôncavo Baiano (out./2004);
- Modo de fazer de viola-de-cocho (jan./2005);
- Ofício das baianas de Acarajé (jan./2005);
- Círio de Nossa Senhora de Nazaré (out./2005);
- Jongo no Sudeste (dez./2005);
- Cachoeira de Iauaretê – lugar sagrado dos povos indígenas dos rios Uaupés e Papuri (out./2006);
- Feira de Caruaru (dez./2006);
- Frevo (dez./2006);
- Tambor de crioula do Maranhão (jun./2007);
- Samba do Rio de Janeiro (out./2007);
- Modo artesanal de fazer queijo "Minas" (2008);
- Capoeira (jul./2008);
- O modo de fazer renda irlandesa produzida em Divina Pastora (nov./2008)[14].

O êxito das medidas adotadas pelo Iphan para proteger nosso patrimônio imaterial vem se expandindo: 47 bens estão em fase

---

[14] Dados disponíveis em http://portal.iphan.gov.br/portal/. Acessados em 30/3/2009.

de investigação[15]. Salientamos que os registros da "roda de capoeira" e o "ofício dos seus mestres" nos livros das "formas de expressão" e no de "saberes" constituem um marco na luta pelo reconhecimento da cultura tradicional popular brasileira, na medida em que a capoeira se insere num universo lúdico, rico em movimentos e ritmos singulares, que se tornaram signos da emancipação do homem negro na sociedade brasileira[16]. Embora fortemente perseguida até as primeiras décadas do século XX, resistiu às coibições e na aurora do século XXI vem sendo praticada por diversos segmentos sociais e institucionalizada como "prática desportiva regulamentada", ensinada inclusive nas escolas.

A sonoridade produzida pelos berimbaus, atabaques, ganzás, agogôs e pandeiros, somada ao acompanhamento de solistas e do coro, marca o ritmo dos jogos, a cadência dos movimentos corporais, contagia os capoeiristas e todos aqueles que observam a força e a graciosidade dos partícipes da roda. Esses sons fazem aflorar sensibilidades que nos reportam para histórias de um tempo pretérito e, simultaneamente, presente nas redes de sociabilidades contemporâneas.

A prática da capoeira não deixa dúvida sobre sua inserção na nossa dinâmica cultural e reverencia as raízes históricas afro-brasileiras, impregnadas das utopias quilombolas que apostavam na liberdade e na igualdade entre as etnias em nosso país.

Exposto isso, vale retomarmos que a proteção do patrimônio natural, das paisagens e dos bens culturais (móveis ou imóveis, materiais ou imateriais) está diretamente vinculada à melhoria da qualidade de vida da população, pois a preservação das memórias e das identidades é uma demanda social tão importante quanto qualquer

---

[15] Tais como: Povos Indígenas do Alto Rio Negro/AM; Comunidade Mbyá-Guarani/PR/SC/RS; Festa do Divino Espírito Santo no vale do Guapuré/RO e em Paraty/RJ; Linguagem dos Sinos nas Cidades Históricas Mineiras/MG; Quilombolas do vale do Rio Ribeira de Iguape/SP; Raposa Serra do Sol/AM; Paisagem Cultural Caeté/AL; entre outros.
[16] Trata-se de um jogo atlético de alternância entre ataques e defesas, de "caráter individual e coletivo", emergente entre "os escravos *bantus* procedentes de Angola, no período Colonial". Ver Luiz S. Santos, *Capoeira: uma expressão antropológica da cultura brasileira* (Maringá: PPG/UEM, 2002, p. 34) e Eusébio L. da Silva, O *corpo na capoeira*, vols.: *Introdução ao estudo do corpo na capoeira* e *Breve panorama: estórias e história da capoeira* (Campinas: Editora da Unicamp, 2008).

outra atendida pelo serviço público. Nessa direção, torna-se fundamental conhecermos outros conceitos essenciais à defesa do nosso patrimônio, tais como:

- **Aquecimento global**: aumento generalizado da temperatura terrestre, apontado pelos estudiosos como um fenômeno decorrente do uso abusivo de combustíveis fósseis e de outras tecnologias associadas ao desenvolvimento industrial. A combustão de gasolina e de óleo diesel nos centros urbanos favorece a concentração de dióxido e de monóxido de carbono em certas áreas da atmosfera, formando uma camada que impede a dissipação do calor, provocando graves danos ao meio ambiente.

- **Conservação integrada**: trata-se da aplicação de técnicas de restauração sensíveis e adequadas aos bens em questão, norteadas pela adaptação apropriada às funções atribuídas aos bens móveis e imóveis. Essa prática necessita estar associada ao planejamento urbano e regional.

- **Desenvolvimento sustentável**: conjunto de medidas que visa à preservação do meio ambiente e do patrimônio cultural de modo integrado à dinâmica econômica do logradouro. A partir dos anos 1970, essa acepção passou a nortear os debates internacionais sobre a ecologia e a envolver as relações entre a economia e o meio ambiente nos países em desenvolvimento[17].

- **Identidade**: processo contínuo e complexo de construção do "sujeito" individual em relação ao outro, de constituição de identidades grupais definidas por meio de critérios como a aceitabilidade e credibilidade que se firmam por meio de negociações diretas com os outros e seus respectivos universos culturais, tornando-os reciprocamente unificados diante de determinados interesses.

---

[17] O desenvolvimento sustentável urbano (de J. Jokilehto), parte integrante do manual *Gestão do patrimônio cultural integrado*, editado por Sílvio Mendes Zancheti (Recife: Ceci/Universidade Federal de Pernambuco, 2002).

• **Inventário:** ações de levantamento e registro de bens pautados pela catalogação das informações sobre um determinado bem, uma cidade ou partes dela.

• **Memória:** disposição de reter, armazenar informações, sentimentos e imagens no cérebro humano. Elemento constituinte da identidade individual e coletiva. Relacionada às culturas e aos modos de entender o mundo, essencial para a continuidade das práticas culturais e para a reconstrução de si.

• **Reabilitação urbana:** estratégia de gestão urbana que visa requalificar os centros históricos existentes por meio de intervenções múltiplas destinadas a valorizar as suas potencialidades sociais, econômicas e funcionais, de modo a melhorar a qualidade de vida das populações residentes. Essa medida envolve também o melhoramento das condições físicas do parque construído, bem como a instalação de equipamentos e infraestrutura nos espaços públicos[18].

• **Restauração:** um conjunto de intervenções técnicas e científicas sistemáticas que objetivam garantir, na esfera de uma metodologia crítica e estética, a perenidade do patrimônio cultural e a promoção de sua reparação.

• **Revitalização:** processo que conjuga a reabilitação arquitetural e urbana dos centros históricos e a revalorização das atividades urbanas que acontecem lá.

• **Salvaguarda ou acautelamento:** termos designados para a proteção do patrimônio histórico e que engloba todos os atos para prolongar a vida de um patrimônio cultural e natural.

---
[18] Ibid.

• **Tombamento:** ação que implica a preservação e a revitalização, ou seja, a adoção de medidas que se complementam e juntas valorizam os bens que se encontram deteriorados. Deve ficar claro que o tombamento não tem por objetivo "congelar", "cristalizar" a cidade ou inibir o seu desenvolvimento, mas sim proteger os bens e preservar suas características originais, viabilizando toda e qualquer obra que venha contribuir para a melhoria da cidade.

No caso brasileiro, existem incentivos fiscais que preveem a dedução de cerca de 80% das despesas efetuadas para restaurar, preservar e conservar os bens tombados do Imposto de Renda de Pessoa Física. Para isso, é necessária a aprovação prévia do orçamento pelo Iphan e o certificado posterior de que as despesas foram efetivamente realizadas e as obras executadas[19]. Alguns municípios também oferecem incentivos fiscais específicos para a defesa dos bens tombados ou isentam seus proprietários do imposto sobre a propriedade territorial urbana.

O tombamento e o registro não constituem as únicas formas de proteção ao patrimônio. Os municípios podem ainda criar leis específicas para incentivar o acautelamento e desenvolver planos diretores que estabeleçam formas de promover o desenvolvimento das cidades sem prejuízo dos bens culturais, adotando o planejamento urbano e favorecendo a organização de amplos fóruns de desenvolvimento e a criação de comissões vinculadas às secretarias de cultura dos municípios[20].

Cabe-nos lembrar também que o inventário dos bens culturais constitui um passo primordial no sentido da conservação de um bem cultural e figura um instrumento poderoso de preservação. A sua relevância aumenta à medida que se acentua o processo de acelerada renovação e transformação das nossas cidades. Nesse sentido,

---

[19] No Brasil, em 1994, essa dedução do imposto foi limitada a 10% da renda tributável. No caso de pessoa jurídica, podem ser deduzidas 40% das despesas, no limite de 2% do imposto de renda (DPH, 2001).
[20] DPH, 2001.

o inventário necessita levar em consideração a(s) história(s), memória(s), valores socioculturais locais e as permanências dos elementos formais, das tradições e identidades dos grupos que vivem na área inventariada.

Para a confecção de um inventário necessitamos reunir documentos comprobatórios referentes às singularidades dos bens. No caso dos inventários urbanos é fundamental o levantamento de documentos oficiais (escrituras, averbação, contratos), mapas, fotografias ou pinturas, projetos arquitetônicos, plantas e memoriais descritivos que possibilitem identificar, reforçar e manter os elementos da identidade e da memória urbana. A sua relevância parte do pressuposto de que os espaços públicos constituem espaços privilegiados das práticas coletivas.

Munido de todo esse referencial conceitual, certamente o professor perceberá a importância da sensibilização dos estudantes em relação às questões do patrimônio cultural. Assim, tenderá a estimular a comunidade a apropriar-se de seus bens culturais tangíveis e intangíveis, integrando-os às suas vidas e ao seu cotidiano. Ao fazê-lo, acabam retomando emoções, costumes, modos de viver e formas de entender o mundo que se entrelaçam às reminiscências do tempo pretérito e corroboram para a construção das identidades individuais e coletivas no presente. A preservação dos espaços de sociabilidade e do patrimônio material e imaterial contribui para aflorar afetos que estimulam o sentido de pertencimento da comunidade.

As cores da cidade, suas sonoridades e seus odores reavivam a memória humana. Como destacou Michel Maffesoli, uma cidade não é composta somente dos esboços e desenhos das ruas e da arquitetura edificada, ela é mesclada também de fantasia, mistérios e interpretações que seus habitantes fazem dela. A cidade é então um espaço construído "por sensações, aromas, ruídos, lugares de encontros constitutivos dessa teatralidade cotidiana"[21]. A memória da cidade se expressa mediante a conservação dos estilos arqui-

---

[21] Michel Maffesoli, *No fundo das aparências* (Petrópolis: Vozes, 1996), p. 277.

tetônicos do casario, das igrejas, dos edifícios públicos e monumentos, no contexto de suas respectivas paisagens culturais. Ao longo dos anos, o valor simbólico de um dado conjunto aumenta e agrega um significado histórico reconhecido como um bem cultural singular de uma comunidade, região, estado ou país.

O acesso aos dados referentes aos bens da comunidade e à memória coletiva torna-se vital para a construção dos meios apropriados para a eficaz proteção do patrimônio nas sociedades modernas, uma vez que essas sociedades (especialmente as ocidentais) correm o risco de perder os vínculos culturais com sua história, num processo que se manifesta continuamente e tende a conduzir à fragmentação social e a inibir os laços de solidariedade entre seus membros.

A educação patrimonial

A educação patrimonial formal e informal constitui uma prática educativa e social que visa à organização de estudos e atividades pedagógicas interdisciplinares e transdisciplinares. O objetivo da interdisciplinaridade centra-se na tentativa de superar a excessiva fragmentação e linearidade dos currículos escolares. A transversalidade, alcançada por meio de projetos temáticos, é um recurso pedagógico que visa auxiliar os alunos a adquirir "uma visão mais compreensiva e crítica da realidade", bem como "sua inserção e participação nessa realidade"[22].

A integração de diversos conhecimentos visando à análise dos bens culturais implica explicações múltiplas sobre o sentido do passado e da memória, associadas à política e à educação ambiental, ao direito e ao desenvolvimento tecnológico, industrial e social. Em outras palavras, a educação patrimonial foi admitida como uma estratégia fundamental para a transmissão dos valores atribuídos aos

---

[22] Silvia Elizabeth Moraes, Interdisciplinaridade e transversalidade mediante projetos temáticos, em *Revista Brasileira de Estudos Pedagógicos* (Brasília: Instituto Nacional de Estudos e Pesquisas Educacionais Anísio Teixeira – Inep, v. 86, nº 213-214, 2006), p. 38-54.

bens culturais[23]. Entretanto, os princípios básicos da aprendizagem nessa área foram sistematizados na Inglaterra, nos anos 1970. Em meados da década de 1980, as metodologias da Heritage Education adquiriram maior impulso e passaram a ser implantadas em várias partes do planeta.

Se, como afirma Manuel Castells[24], o ato de preservar envolve conservar as raízes que vinculam os cidadãos ao seu passado e às suas origens, torna-se imperioso superar a visão equivocada de que os bens culturais se circunscrevem aos bens materiais. A acepção de patrimônio cultural não compreende apenas os sítios arqueológicos, a arquitetura, os antigos objetos em desuso e o espaço dos museus; os bens que conferem identidade aos cidadãos abrangem também as experiências vividas, condensadas nas formas de expressão diversificadas, juízos de valor, celebrações, modos de usar os bens, os espaços físicos e o meio ambiente.

Os bens culturais se traduzem nas tradições materiais e imateriais de toda a coletividade. A noção de patrimônio, conforme o antropólogo argentino Nestor Canclini, abrange os bens simbólicos de todos os grupos da sociedade (inclusive os subalternos) devendo estender cotidianamente o direito ao usufruto dos bens preservados. Desse modo, a educação patrimonial necessita equacionar as questões da diversidade cultural dos povos e assinalar as mudanças culturais referentes às distintas identidades, aos conflitos e à solidariedade entre os segmentos sociais – apreendidos como produtores culturais permanentes e agentes histórico-sociais. Por conseguinte, o empenho sistemático e duradouro da educação patrimonial torna-se eficiente se for capaz de promover a formação e a informação acerca do processo de construção de identidades plurais e de propiciar o desenvolvimento de reflexões em torno do significado coletivo da história e das políticas de preservação.

---

[23] Maria L. P. Horta, "Lições das coisas: o enigma e o desafio da educação patrimonial", em *Guia básico de educação patrimonial* (Brasília: Iphan/Museu Imperial, 1999), p. 36.
[24] Manuel Castells, *O poder da identidade* (Rio de Janeiro: Paz e Terra, 2000).

A ação pedagógica no campo patrimonial figura também como um instrumento de desenvolvimento individual e coletivo, propulsora do diálogo entre a sociedade e os órgãos dedicados à identificação, proteção e promoção dos bens culturais. Mas a eficácia dessa ação somente se consolida na medida em que proporciona o intercâmbio de conhecimentos acumulados pela comunidade, pelos especialistas e pelas instituições devotadas à defesa do patrimônio, como, por exemplo, secretarias de cultura, centros de pesquisas e universidades.

Não obstante isso, as metodologias da educação patrimonial ainda suscitam controvérsias e celeumas entre especialistas e pedagogos. Contudo, o conhecimento e as experiências empíricas têm apontado quatro etapas essenciais do ensino-aprendizagem nesse campo. Maria Luiza P. Horta destaca que a observação, o registro, o exame e a apropriação dos bens culturais constituem as quatro fases essenciais dessa metodologia. Do ponto de vista da autora, a etapa de "observação" busca a identificação dos objetos, dos saberes ou rituais próprios da localidade onde se desenvolve o curso, bem como a caracterização de suas respectivas funções e significados. Para isso desenvolvem-se exercícios de percepção visual e sensorial, coleta de entrevistas e relatos sistematizados de acordo com os princípios da história oral.

Em seguida, procede-se ao "registro" dos bens reconhecidos pela comunidade, a observação e a análise do valor patrimonial dos bens por intermédio de desenhos, descrições verbais ou escritas, definição de gráficos, fotografias, maquetes, mapas e plantas arquitetônicas. A terceira etapa consiste do exame do patrimônio levantado, ou seja, do desenvolvimento das capacidades de análise e julgamento crítico, interpretação das evidências e significados. Essa fase do trabalho exige a apreciação dos bens reconhecidos como patrimônio, o levantamento de hipóteses, discussões, questionamentos, avaliações, pesquisas em bibliotecas, arquivos, jornais e revistas com vistas à elucidação do significado desses bens culturais.

Por fim, a quarta etapa constitui-se da "apropriação" que implica o envolvimento afetivo dos estudantes ou da população com os bens culturais, a participação criativa e a valorização do patrimônio local. Essas atividades podem ser desenvolvidas por meio da recreação e da releitura do patrimônio, interpretado por meio de produção textual, músicas, danças, pinturas ou vídeos.

Com certeza, os Parâmetros Curriculares Nacionais (PCN), elaborados pelo Ministério da Educação, abriram espaço para as atividades transdisciplinares – aspecto essencial para o desenvolvimento de projetos de educação patrimonial. A introdução dos "temas transversais" relacionados ao "meio ambiente" e à "pluralidade cultural" previa a realização de atividades concatenadas a distintas disciplinas, favorecendo o estudo integrado. Essa proposta propicia aos estudantes o entendimento do mundo que os cerca e cria condições para a visualização dos horizontes que envolvem a existência humana[25].

A valorização das manifestações culturais que cercam o estudante contribui para que este reconheça sua identidade individual e coletiva e exerça sua cidadania. A partir da efetivação de Programas de Educação Patrimonial, desenvolvidos por meio de projetos educativos com ações pedagógicas na área de patrimônio cultural e natural, o ensino e a aprendizagem tendem a fortalecer os processos formadores de cidadania e, ainda, alertam para a importância da preservação dos bens patrimoniais[26].

Numa etapa posterior – a introdução do tema e do reconhecimento dos bens culturais da comunidade –, os educadores podem estimular os aprendizes a efetuar uma classificação dos bens culturais da escola, de sua cidade ou região. Diferentes equipes podem empreender um trabalho de investigação pelo município, visitando as mediações da cidade como fazendas, parques ecológicos, rios. Na área urbana, podem seguir identificando e registrando exemplares da arte pública, ruas, praças, edificações e outros espaços, além de levantar objetos materiais de propriedade pública ou privada, como livros, fotografias, pinturas, instrumentos musicais, veículos

---

[25] PCN – História e Geografia. Pluralidade cultural e meio ambiente, 2005, p. 85. Disponível também em http://www.mec.gov.br/sef/sef/pcn5a8.shtm. Acessado em 15/4/2009.
[26] Ibid.

e outros documentos e artefatos de valor patrimonial, cultural, histórico, artístico, etnológico. Nesse percurso, acabam se deparando com informações acerca dos bens de natureza imaterial como festas, celebrações, antigas receitas culinárias, saberes referentes ao trabalho artesanal e à fabricação de objetos com técnicas especiais, composições artísticas, costumes e cânticos populares.

Quando realizadas junto às escolas, convém que o resultado das pesquisas seja apresentado pelas diversas equipes de estudantes ao professor e demais colegas, que terão oportunidade de oferecer sugestões ao grupo sobre como trabalhar em defesa desses bens[27]. O debate fornecerá subsídios para que seja avaliado o significado do patrimônio, seu valor como legado e herança do passado a ser transmitida ao futuro. Exercícios dessa natureza irão prenunciar o quanto o patrimônio cultural é algo vivo e dinâmico, além de indicar que nem tudo que é antigo constitui um bem patrimonial, mas somente aqueles dotados dos sentidos de pertença e identidade, ou seja, de um valor cultural mais amplo.

Para tanto, inicialmente, faz-se necessário introduzirmos conhecimentos relacionados à conceituação e à natureza dos diversos tipos de patrimônio, difundir informações acerca dos acordos internacionais em prol dos bens culturais da humanidade e as formas de atuação dos institutos de proteção vinculados aos poderes públicos, tal como fizemos no decorrer deste capítulo. O esclarecimento relativo aos instrumentos legais devotados à preservação como o inventário, o tombamento e os planos diretores das cidades são fundamentais para garantir o acesso e a fruição ao patrimônio.

A pesquisa a respeito dos valores socioculturais, das permanências da cultura material local, das tradições e identidades dos grupos que ali vivem, constituem a base da produção dos inventários culturais. Nessa fase, torna-se essencial desfazer alguns mitos que se criaram em torno da conservação do patrimônio, esclarecendo-se, por exemplo, que os processos de tombamento podem ser desencadeados por qualquer pessoa da comunidade.

---

[27] André Luis Ramos Soares, *Educação patrimonial:* relatos e experiências (Santa Maria: Editora UFSM, 2003)

Trata-se de um exercício de cidadania que confere à população a possibilidade de intervenção direta no tombamento de bens culturais, desde que estes integrem a herança coletiva. Logo, o tombamento não altera a propriedade de um bem, apenas impede que este venha a ser destruído ou descaracterizado. Portanto, um bem tombado não necessita ser desapropriado, podendo inclusive ser vendido ou alugado[28].

A educação patrimonial na contemporaneidade vem adquirindo proeminência e apontado possibilidades de inclusão do cidadão e do desenvolvimento de economias locais por meio do turismo cultural e do desenvolvimento sustentável, fortalecendo o sentimento de pertencimento e de fraternidade entre os membros de distintas comunidades.

No próximo capítulo trataremos das pelejas a serem enfrentadas pelo educador no cotidiano das atividades didático-pedagógicas regulares.

---

[28] DPH, 2001.

Impasses sobre a abordagem do patrimônio na sala de aula

Após o contato com alguns conceitos essenciais no trato dos bens culturais e da educação patrimonial, o professor se depara com um dos desafios prementes na adoção de novas experiências de ensino: o da permanente cobrança no sentido da atualização dos profissionais do ensino. Assim, o primeiro passo a ser empreendido diz respeito ao levantamento da literatura sobre o enfoque temático considerado por ele mais adequado às suas turmas ou à realidade da escola. O segundo passo centra-se na delimitação dos objetivos a serem alcançados por meio das atividades planejadas e da definição da metodologia mais adequada para o bom êxito do trabalho.

Mas o dilema principal ainda está por vir: como organizar as leituras e de que maneira acionar práticas que estimulem esse profissional a promover inovações e a enfrentar novos e velhos paradigmas do ensino?

As inserções de temas e linguagens distintas como instrumentos do ensino-aprendizagem intensificam uma questão basal a ser encarada pelos educadores, qual seja, a iniciativa que vai deflagrar o novo processo. Mas como desenvolver os planos de aulas e como vinculá-los aos conteúdos a serem abordados na grade curricular das disciplinas?

Na atualidade, a fragmentação dos saberes e a especialização das áreas de conhecimento tendem, por um lado, a formar profissionais mais capacitados nas respectivas disciplinas, mas, por outro, a restringir sua compreensão de universos mais amplos do conhecimento. O professor do ensino médio tem, ao longo de sua formação, o contato mais profundo com a literatura específica na sua área de licenciatura. Mas, ainda assim, necessita ampliar seus saberes para lidar com as questões do patrimônio cultural, da preservação ambiental e do equilíbrio entre o homem e o meio, pois essa temática exige conhecimentos interdisciplinares. O professor dos primeiros ciclos do ensino fundamental, no entanto, recebe uma formação variada com inserções importantes no âmbito da história e da geografia, por exemplo, mas não pode ser considerado um perito nesses campos do conhecimento.

Contudo, os cursos de capacitação e o contato com a produção bibliográfica que se ocupa das relações entre as identidades e o patrimônio cultural e suas intersecções com a história, a geografia, a ecologia, a antropologia, a arqueologia, a educação artística e as ciências biológicas constituem instrumentos fundamentais para a otimização do seu trabalho na sala de aula. Tal constatação nos faz lembrar que o reconhecimento dessas fronteiras implica a percepção de que o professor carece ser assistido continuamente e que os núcleos regionais de ensino e secretarias municipais de educação precisam tomar as oportunidades de capacitação dos educadores como tarefas contínuas, de modo a estimulá-los a aprofundar seus conhecimentos e a apreciar práticas didáticas alternativas, ajudando-os a enfrentar os desafios que eclodem dia após dia. Por seu turno, os educadores também necessitam criar demandas nessa direção, solicitando aos núcleos e às secretarias competentes a oferta de oficinas ou cursos de capacitação.

A despeito de pretensões demagógicas, essa perspectiva deve ser efetivamente integrada ao cotidiano dos profissionais da educação. Como? A partir da abordagem de novos temas e de fontes documentais referentes ao patrimônio cultural e natural e, também, do planejamento de atividades diversificadas que possam instigá-los a revigorar o trabalho na sala de aula e a estimular os seus alunos a "redescobrirem" suas histórias, memórias e identidades para que exerçam plenamente os seus direitos à cidadania. Ao fazê-lo, o professor estará realizando atividades comprometidas com as comunidades onde atuam e, quiçá, abrindo novas possibilidades para uma real inter-relação entre o ensino, a pesquisa e a aprendizagem.

Não obstante isso, toda e qualquer nova experiência pedagógica, ao ser adotada, necessita da elaboração de programas prévios, capazes de evitar resultados indesejáveis ou, ao contrário do que se espera, gerar frustrações para os alunos e professores envolvidos no projeto.

O planejamento das atividades didático-pedagógicas

A inserção da temática do patrimônio na América Latina e no Caribe, e, em especial, na grade curricular do ensino de história, geografia e educação artística no Brasil, como afirmamos antes, implicou a inclusão das temáticas patrimoniais e ambientais nos currículos do ensino fundamental e médio. Em nosso país, essa questão foi sistematizada por meio das Diretrizes e Bases da Educação Nacional (Lei nº 9.394/1996), em particular, no décimo volume dos Parâmetros Curriculares Nacionais (PCN/1998), que se ocupou da incorporação de temas transversais no ensino fundamental.

Ademais, a inclusão de novas habilidades na formação de profissionais universitários se deu, entre outras sugestões, por meio dos pareceres do Conselho de Educação Superior (CES), cuja intenção era apresentar uma proposta de substituição do currículo mínimo dos cursos de graduação e fornecer novos parâmetros básicos para a organização da grade curricular das disciplinas. Do mesmo modo, a implementação dos PCN apontou a necessidade de inserção de novas habilidades na formação dos professores. A incorporação da discussão do patrimônio cultural, nas suas dimensões materiais e imateriais (em todos os níveis de ensino), só é possível mediante a apreensão das transformações da própria acepção de cultura, suas relações com a(s) história(s) e a(s) identidade(s).

Nesses termos, precisamos ter em conta que a inserção da problemática patrimonial torna imperiosos alguns cuidados iniciais. Para isso, recomendamos que:

a) O professor tenha algum entusiasmo pelo tipo de bens culturais que pretenda abordar com suas turmas.

b) Não tome como imperativas a inclusão dessas experiências em todos os ciclos do ensino fundamental ou todos os anos do ensino médio nos quais atua.

c) Incorpore tipologias patrimoniais diversificadas como meio de aprendizagem.

As experiências, as práticas culturais e os conteúdos dos anos ou ciclos serão determinantes para definir estratégias didáticas adotadas para a projeção dos resultados do trabalho a serem alcançados.

A abrangência e a diversidade que envolvem as questões do patrimônio permitem ao professor um amplo leque de opções; entretanto, esse aspecto pode converter-se num problema. Para evitar que isso ocorra, ele deve avaliar as possibilidades que envolvem desde o enfoque do patrimônio da própria escola onde se desenvolve o trabalho e suas imediações, até os bens culturais visíveis e invisíveis imersos nas comunidades às quais pertencem os alunos.

A aguda percepção do professor nesse sentido constituirá um divisor de águas, uma vez que a instituição escolar objetiva, além de propiciar o contato com conhecimentos básicos, abrir novos horizontes aos alunos e enriquecer seu universo cultural. O bom êxito desse empreendimento dependerá da sensibilidade do educador e do entusiasmo suscitado entre os alunos. A sintonia deles com as atividades desenvolvidas na fase de identificação dos bens naturais e culturais (meio ambiente, paisagens, costumes, tradições e gostos proeminentes na região) dará o tom das atividades.

A cautela expressa nas sugestões acima arroladas visa auxiliar o planejamento das atividades e a favorecer o seu resultado final. Todavia, devemos nos preparar para possíveis adversidades, como o pouco interesse inicial dos aprendizes ou as dificuldades de organização das atividades que fogem aos procedimentos tradicionais do ensino apoiados nos livros didáticos e nas tarefas restritas à sala de aula ou à biblioteca da escola. Contudo, esses possíveis infortúnios podem ser driblados se procurarmos sondar previamente as curiosidades que os alunos têm em relação à temática do patrimônio e se alternarmos as aulas expositivas, as leituras dirigidas e a ludicidade.

Por essa razão, antes de iniciarmos novas experiências de ensino convém esclarecermos aos alunos sobre a importância de tais procedimentos, como é o caso do "inventariamento" e "registro" dos distintos tipos de patrimônio regionais, étnicos ou religiosos de natureza material ou imaterial que precisam ser protegidos. E também frisar que esses estudos se articulam aos programas das disciplinas envolvidas. Todas as tarefas necessitam ocorrer no âmbito do respeito à diversidade cultural de nosso país e às memórias dos membros da comunidade escolhida.

Portanto, simultaneamente, cabe-nos estabelecer relações formais entre os conteúdos da grade curricular dos diferentes níveis de ensino (fundamental, médio, profissionalizante) e explicitarmos que as práticas alternativas adotadas constituem atividades pertinentes à disciplina que ministramos e não se destinam ao entretenimento ou lazer.

Se ressaltarmos a relevância e a responsabilidade social de todos os envolvidos no aprendizado, nossos alunos sentir-se-ão integrados a um projeto mais amplo de educação patrimonial, identificação e salvaguarda dos bens culturais.

Expostas essas proposições, passemos a alguns indicativos para a elaboração de planos de aula.

Ousar e correr riscos

De pronto, esclarecemos que as sugestões propostas neste livro não têm o intuito de oferecer ao professor "modelos" voltados a "congelar" ou "imobilizar" sua criatividade, mas propor algumas possibilidades de abordagem, formas de organização do material informativo e de fontes diferenciadas relativas à inserção da temática do patrimônio no ensino fundamental, médio e profissionalizante.

Essas atividades também podem ser aplicadas nos tópicos de distintas disciplinas que abordem questões pertinentes ao patrimônio ambiental, às artes, às tradições orais, aos mitos e às lendas populares.

Os exercícios indicados privilegiam o contato dos alunos com os bens culturais, inicialmente por meio da definição de acepções que abarcam o tema e viabilizem sua identificação, por meio de contatos formais e informais com pessoas que trabalham na escola e com aquelas que estão além dos seus muros. As tarefas idealizadas ambicionam também multiplicar o prestígio e o apego às tradições culturais das comunidades onde os estudantes se inserem, reforçar o sentido de pertencimento e fomentar o interesse por práticas cotidianas que passam despercebidas pela maior parte da população e são tratadas como se fossem "naturais", como nos alerta José Reginaldo Santos Gonçalves[29].

A presente proposta se coloca no extremo oposto daqueles "treinamentos mecanicistas" que tendem a cercear a capacidade criativa de professores e alunos, inseridos, sistematicamente, no ensino brasileiro no decorrer da década de 1970, sob a influência da psicologia comportamentalista, dos padrões disciplinares e dos modelos de aprendizagem que tomavam os alunos como meros receptáculos de saber.

Além disso, as crianças, os adolescentes ou os jovens aprendem a respeitar a si próprios e ao meio onde vivem a partir do contato com os indivíduos que os circundam e com as paisagens da cidade ou logradouros onde habitam. O despertar do sentido de pertencimento das novas gerações abre as comportas da consciência da preservação e as liberta das armadilhas da produção cultural industrializada que tende a homogeneizar gostos, costumes e padrões de comportamento em partes significativas do planeta. A redescoberta de suas identidades individuais e coletivas se processa pela pesquisa e observação, enquanto o aprendizado se fixa mediante as experiências vivenciadas pelos atores sociais envolvidos.

---

[29] José Reginaldo Santos Gonçalves, *A retórica da perda*: os discursos do patrimônio cultural no Brasil (Rio de Janeiro: Editora da UFRJ/MinC/Iphan, 2002).

Nunca é demais lembrar: o célebre pedagogo Paulo Freire assinalou que as aulas não podem se restringir ao treinamento "forçado", mas devem incluir atividades inventivas e estimulantes capazes de liberar a criatividade de professores e alunos, respeitando os seus hábitos, costumes e sua ambiência. Como afirmamos antes, as atividades relacionadas ao patrimônio cultural propostas neste livro objetivam oferecer ao professor a oportunidade de exercer suas funções de maneira mais prazerosa, de debater assuntos atuais e, ainda, suscitar entre seus educandos o entusiasmo e a capacidade de interagir de forma mais incisiva nos logradouros onde vivem. Buscamos, portanto, fomentar um "conhecimento ativo", a troca de experiências e de saberes.

A percepção das dificuldades encontradas pelos educadores e a disparidade de acesso a materiais didáticos nos induzem a aventar atividades que incluam distintos níveis de escolaridade, abarquem desde os ciclos do ensino fundamental até o ensino médio e procurem saídas para driblar as possíveis carências materiais da escola. Infelizmente, o profundo desequilíbrio socioeconômico detectado entre os estudantes que vivem em distintas áreas do país e, quiçá, de uma mesma cidade, nos impele a considerar a inviabilidade da proposição de planejamentos específicos para cada fase da aprendizagem, porque, na realidade, nos deparamos com estudantes de diferentes faixas etárias numa mesma turma e com variáveis discrepantes referentes ao acesso a outras mídias e a fontes de informação em distintas regiões do Brasil.

Nessa direção, consideramos prioritária a indicação de atividades que permitam opções de escolha aos profissionais envolvidos e contemplem seus anseios. Convém, no entanto, que essa opção esteja adequada à maturidade intelectual dos estudantes e à infraestrutura da escola. Além disso, devemos nos pautar por temáticas propícias às idades dos educandos e respectivas experiências de vida. A fim de exemplificarmos, podemos tomar o caso dos adolescentes que cursam o ensino médio sem nunca ter trabalhado, apesar de possuir de tempo disponível e de estar interligados ao mundo informatizado e aos circuitos culturais. E outros, da mesma faixa etária, matriculados nos cursos regulares ou supletivos, mas inseridos no mercado de trabalho informal desde a mais tenra idade, sem acesso às mídias digitais e outras formas de informação.

Por esses motivos decidimos transferir ao professor a responsabilidade de optar por atividades e temas que considerem os mais propícios às respectivas turmas, ciclos ou séries que estão sob a sua responsabilidade, dosando o aprofundamento das tarefas, o tempo dedicado a elas e a necessidade da ampliação ou recuo dos recortes temporais e espaciais para cada atividade. No entanto, não nos eximimos de explicitar indicativos que auxiliem o profissional a realizar essas escolhas.

Formação e informação: uma via de mão dupla

As atividades sugeridas neste livro até o presente momento privilegiaram informações sobre a temática em questão e a melhor forma de abordá-la. Contudo, consideramos necessárias outras observações referentes ao ofício do educador.

Por certo, o leitor já se deparou com jargões do tipo: "As atividades de ensino e pesquisa jamais devem ser dissociadas", "todo professor necessita ser pesquisador", entre outras falas demagógicas. Mas, na maioria das vezes, as suas condições de trabalho não lhe permitem tal proeza. Ainda assim, alguns educadores ousam articular o ensino e a pesquisa, pois reconhecem que na prática essa associação sempre favorece o desenvolvimento das partes envolvidas no ensino e na aprendizagem.

Análises recentes acerca das condições desse profissional vêm explicitando a importância atribuída às práticas dessa natureza, mas também vem sugerindo certo redimensionamento da questão, ou seja, o professor não precisa necessariamente se tornar um "experto" nos assuntos que procura introduzir nas suas aulas, tampouco se tornar "servo" incondicional do material didático, como indicou Maria Alice Faria, em *O jornal na sala de aula*[30] ou Marcos Napolitano, em *Como usar a televisão na sala de aula*[31].

Os profissionais do ensino necessitam encontrar certo equilíbrio, adquirir "autonomia" suficiente para organizar cursos, desenvolver projetos e planejar suas aulas sem se atrelarem à literatura exclusivamente didática. Assim, seria conveniente que dedicassem parte das "horas-atividade" para a leitura e visitas às bibliotecas, centros culturais, arquivos e museus – expedientes que lhe permitirão ampliar seus conhecimentos e buscar novas referências bibliográficas aptas a auxiliá-lo a investir em novos temas, linguagens e fontes documentais diversificadas.

Seriam supérfluos os comentários acima arrolados? Sem dúvida que não, pois já assinalamos o quanto essa discussão do patrimônio cultural na atualidade se mostra relevante. Mas sua abordagem exige certa acuidade.

Noutro extremo, no entanto, os profissionais do ensino precisam ser respeitados e os percalços de seu ofício minimizados! Não se trata de uma simples opção do professor, porém de um imperativo derivado da inclusão das questões relacionadas à educação patrimonial e ambiental como temas transversais da grade curricular do ensino de história e de geografia no Brasil desde 1998 e da recente recomendação no sentido da admissão formal desses temas nos cursos de graduação com vistas à formação de novas habilidades do educador.

Nesse sentido, justificamos a deferência e extensão da discussão que envolve os bens culturais materiais e imateriais. Para tratá-la, o educador necessita preparar-se intelectualmente, nutrir-se da literatura e da bibliografia específicas, de modo a atualizar seus conhecimentos sobre o assunto. O primeiro passo a ser adotado no trato das práticas preservacionistas e da educação patrimonial deve privilegiar a observação dos vínculos dos bens culturais com os perfis culturais das diversas etnias ou segmentos sociais aos quais per-

---
[30] Maria Alice Faria, *O jornal na sala de aula* (São Paulo: Contexto, 2002).
[31] Marcos Napolitano, *Como usar a televisão na sala de aula* (São Paulo: Contexto, 1999).

tencem os alunos, privilegiando-se a articulação entre a construção das identidades locais, regionais ou nacionais e, principalmente, salientando-se as interfaces entre a história e a memória que se pretende preservar. Posteriormente, uma das iniciativas a serem tomadas diz respeito à elaboração de um levantamento bibliográfico que possibilite a apreensão das diversas dimensões do patrimônio e dos fundamentos que informam os debates atuais sobre as políticas públicas de proteção.

Não pode escapar ao educador a abordagem dos nexos históricos das distintas tipologias patrimoniais, a discussão acerca das condições de bens que estejam em situação de perigo como: centros históricos, sítios arqueológicos e conjuntos arquitetônicos em ruínas ou utilizados de maneira inadequada; ambientes em processo contínuo de degradação e poluição; o risco de desaparecimento de espécies da flora e da fauna, como vegetações ou animais em extinção; a dissipação de saberes, rituais, festas e celebrações, entre outras formas de manifestação da cultura popular tradicional – conforme abordados no capítulo 2 deste livro.

O grande impasse a ser enfrentado refere-se à carência de formação específica. Mas temos a nosso favor a ampla difusão da problemática da defesa do patrimônio mundial nos jornais, documentários, revistas, sites na internet e programas de televisão especializados como os da TV Escola e da TV Futura. Esse material em geral é disponibilizado pelos núcleos regionais de educação e pelas secretarias municipais de educação. O primeiro contato com esses meios de informação pode nos oferecer pistas valiosas para driblarmos o problema da escassez de recursos na escola e do acesso à literatura específica. Por outro lado, podemos procurar especialistas nessas áreas para nos auxiliar nessa tarefa, como professores das universidades próximas ou associações dedicadas a tais fins.

O contato com manuais publicados pelo Instituto do Patrimônio Histórico e Artístico Nacional (Iphan) também é salutar, na medida em que a escola pública pode solicitar a doação desse tipo de material para suas bibliotecas e alguns livros, cuja publicação impressa já foi esgotada, podem ser acessados livremente pela internet, arquivados e impressos sem custos adicionais. Folhetos, ou seja, publicações com número de páginas inferior a setenta laudas também têm sido difundidos por várias editoras comerciais e podem ser adquiridos ou doados de acordo com as políticas de distribuição dessas empresas.

As normas expressas nas cartas patrimoniais, leis e decretos implantados com vistas a resguardar os bens culturais e naturais são disponibilizados tanto no endereço eletrônico do Iphan e do Ministério da Cultura como também em sites da Organização das Nações Unidas para a Educação, a Ciência e a Cultura (Unesco), do Conselho Internacional de Museus (Icom), do Conselho Internacional de Arquivos (ICA), da Organização Internacional para a Conservação do Patrimônio Cultural (Iccrom) e do Conselho Internacional de Monumentos e Sítios (Icomos), entre outros órgãos com os respectivos endereços eletrônicos listados ao final deste livro.

O contato com esse rol de publicações e de referências documentais pode a princípio suscitar certo desânimo ou aflição ao professor e desencadear sua descrença na viabilidade de introdução de novos temas e práticas didático-pedagógicas. No entanto, esse infortúnio pode ser facilmente superado mediante a formulação de um plano de leituras e a sistematização das informações relevantes, organizadas de acordo com a sua formação e as habilidades de absorção de conteúdos das turmas com as quais irá trabalhar e do tempo destinado às suas horas-atividades.

É certo que se o educador procurar direcionar suas preocupações para determinados enfoques ou esferas da discussão do patrimônio terá maior êxito na idealização do trabalho, no arranjo das leituras, na execução do plano de aulas, no planejamento de atividades, enfim, na formulação de um projeto junto aos estudantes. Parece-nos indicado que inicialmente o professor escolha um tema que o atraia e que possa chamar a atenção dos seus alunos. Talvez uma questão relacionada aos problemas ambientais esteja mais próxima da realidade dos alunos cujas famílias enfrentam frequentes enchentes ou pragas na lavoura, ambas decorrentes do desequilíbrio ecológico. Contudo, a produção de artesanato local ou a organização de festas tradicionais populares na cidade pode interessar a outras turmas, e assim por diante. Ora, as dificuldades da proteção dos bens naturais e do meio ambiente constituem matérias de interesse geral. Igualmente, a produção e exposição de quitutes ou especialidades culinárias locais, a observação da dinâmica de cooperativas de artesanato ou a investigação acerca da mobilização das comunidades em torno de celebrações religiosas ou profanas geram grande curiosidade e podem constituir registros importantes para a memória coletiva de distintos logradouros.

De todo modo, se a indecisão ou os problemas de ordem prática permanecerem agudos no que tange à escolha do material de apoio (livros, matérias jornalísticas, decretos, entre outros), ou se a dificuldade de compreensão dos textos escolhidos parecer intransponível, procure rearranjar a literatura selecionada visando aproximar os temas e elucidar a argumentação dos autores escolhidos para facilitar a sua percepção. Em outras palavras, adote medidas simples como:

- Buscar de início informações gerais;
- Aprofundar as leituras de maneira gradual e rapidamente debruçar-se sobre alguns assuntos pré-escolhidos;
- Estabelecer contato com outros profissionais que estejam interessados em desenvolver atividades semelhantes no seu local de trabalho;
- Frequentar cursos oferecidos por instituições de ensino superior ou organizações em defesa do patrimônio;
- Selecionar apenas parte das referências bibliográficas que considerar essenciais para o planejamento das atividades bimestrais ou semestrais;
- Realizar anotações sistemáticas referentes às leituras realizadas apontando o objetivo, o tema e a tipologia patrimonial tratada, indicando o nome do autor, o título do livro e/ou artigo, o número da página, o ano de publicação da obra.

Ao pontuar as questões consideradas mais relevantes do seu ponto de vista e do enfoque que pretende desenvolver, com certeza o professor conseguirá capacitar-se para isso.

Após levantar as tipologias patrimoniais, ele necessita optar pela pesquisa acerca da natureza do patrimônio, como os bens culturais materiais (conjuntos arquitetônicos, obras de arte, monumentos) ou imateriais (saberes e técnicas populares, festas, conhecimentos culinários, medicinais e farmacológicos, habilidades especiais relacionadas aos aspectos materiais da cultura, tais como os instrumentos de trabalho, ferramentas, fazeres artesanais), ou os bens naturais ou paisagísticos (sítios naturais, reservas ecológicas), entre outros.

Convém lembrarmos ainda que cabe ao profissional evitar armazenar as informações que vai assimilando apenas no formato digital. Arquivos no computador, disquetes, CD-ROMs e *pen drives* podem ser danificados. Para evitar transtornos, imprima os comentários sistematizados, se for o caso, ou adote as antigas, mas seguras, anotações manuscritas.

Ao final deste livro, o educador encontrará várias referências bibliográficas com vistas a auxiliá-lo nessa etapa preparatória do planejamento das atividades. Listas de páginas eletrônicas da internet que permitem acesso à íntegra das leis, decretos e cartas patrimoniais que representam marcos significativos para as políticas públicas de proteção ao patrimônio histórico, cultural, artístico, paisagístico e natural da humanidade serão úteis. Da mesma forma, a indicação de matérias jornalísticas, de DVDs, vídeos, programas educativos, filmes e documentários podem tornar mais fáceis os primeiros contatos com a problemática do patrimônio.

As escolhas temáticas

Realizado o programa de leituras e, se possível, cursos concisos de capacitação, devemos proceder à organização do conjunto de artigos, livros informativos e textos geradores, bem como das fontes textuais e imagéticas. Esse é um momento delicado porque pressupõe cuidados para evitarmos equívocos na escolha fortuita de temas que podem não interessar aos estudantes.

Não podemos correr o risco de selecionar fontes documentais, como fotografias, documentos escritos, vídeos, músicas, rituais ou lendas, que estão totalmente desvinculadas do universo cotidiano daqueles a quem essas atividades se destinam. Muito pelo contrário, podemos envolver as turmas nesse processo, solicitando o auxílio dos estudantes na escolha do tema e no acesso ao acervo que dará fundamentação ao plano de aula e ao futuro projeto a ser desenvolvido coletivamente. Aliás, essa postura do professor poderá motivá-los e envolvê-los, especialmente as séries do ensino médio, pois nessa faixa etária eles já adquiriram conhecimentos gerais básicos. Além disso, esses estudantes possuem um pouco mais de autonomia para deslocamentos que se fizerem necessários para, por exemplo, fotografar a paisagem urbana, os monumentos ou praças, as condições de preservação ou deterioração das obras de arte instaladas no espaço público e dos demais bens que são reconhecidos como patrimônio pela população residente nas imediações dos colégios, dos logradouros e centros das cidades. Essas fotografias, comparadas aos registros antigos, provavelmente permitirão o acompanhamento das transformações do meio e o crescimento da cidade.

Evidentemente, o planejamento de atividades não precisa ser submetido integralmente às práticas cotidianas dos alunos, tampouco às problemáticas já estudadas por meio de outros instrumentos pedagógicos ou disciplinas. Todavia, convém estabelecermos articulações substanciais com os conteúdos estudados sem, no entanto, nos restringir a reiterar ou repetir temas com o intuito de promover a fixação do que já foi estudado por eles.

A ampliação do campo documental na pesquisa e no ensino na área das ciências humanas (história, antropologia, sociologia, geografia, entre outras) expandiu as reflexões acerca das correlações entre diversas esferas do conhecimento e a utilização de fontes, como a fotografia, o filme, os audiovisuais, as séries apresentadas na televisão, as artes plásticas, as produções dramatúrgicas ou teatrais, charges, as músicas e os documentos textuais variados como literatura poética e de cordel, os romances, os jornais, as revistas, os processos-crime. Esse movimento estimulou os historiadores de ofício e demais pesquisadores a repensarem seus procedimentos teóricos e metodológicos e a estabelecer contatos interdisciplinares na busca de métodos condizentes com as necessidades de decodificação dos documentos incorporados tanto à pesquisa quanto à aprendizagem.

Enfim, uma infinidade de fontes pode ser convertida em documentos para pesquisas científicas e para o aprendizado, desde que correspondam às inquietações dos pesquisadores e elucidem as problemáticas investigadas. Cabe-nos, também, levar em conta a maturidade intelectual dos estudantes e seu desenvolvimento psicomotor.

As articulações entre as demandas do estudo dos bens culturais e a história têm resultado, predominantemente, em duas tendências de análise: umas abordam as suas relações com as identidades e memórias que não foram privilegiadas pelo estudo clássico do patrimônio, como o foram alguns bens naturais ou os chamados bens de cal e pedra, ou seja, os monumentos, os conjuntos arquitetônicos e as obras de arte consideradas obras-primas ou expressões do gênio humano que, em última instância, constituem representações dos interesses de determinados segmentos sociais dominantes ou das elites locais.

Outras análises dedicam-se às histórias e às memórias dos segmentos menos favorecidos manifestos nas tradições orais e no patrimônio imaterial desenvolvido em determinadas épocas e regiões do planeta. Essa segunda tendência apresenta-se como uma tentativa de remediar as abordagens etnocêntricas típicas da sociedade ocidental e a superar as interpretações que tomam a produção cultural popular de maneira segmentada. Contudo, devemos considerar as acepções da "circularidade cultural" destacada nos estudos de Carlo Ginzburg[32] e as intensas trocas entre diversos modos de ver o mundo e de construir representações e práticas sociais, evidenciadas nas pesquisas de Roger Chartier[33].

[32] Carlo Ginzburg, Mitos, emblemas e sinais. Morfologia e história (São Paulo: Companhia das Letras, 1989).
[33] Roger Chartier, A história cultural: entre práticas e representações (Lisboa: Difel, 1990).

Salientamos que as fontes documentais, as memórias e as práticas promulgadas por meio do patrimônio material ou imaterial se inserem num campo minado por embates sociais próprios de determinados territórios espaciais e temporalidades. Portanto, segundo estudos recentes como os de José Reginaldo Santos Gonçalves[34], Regina Abreu e Mário Chagas[35], Pedro Paulo Funari e Sandra C. A. Pelegrini[36], as permanências ou desaparecimentos de certos bens culturais precisam ser identificados no cerne das lutas políticas e sociais do seu tempo.

Ademais, não nos cabe abordar os bens materiais como se eles estivessem desvinculados dos bens imateriais e vice-versa. Seja qual for nossa opção de enfoque, convém apreendê-los como distintas manifestações da ação humana. Observar como a "alma nas coisas" e a materialização do imaginário, das lendas, das festas, dos saberes, entre outros conhecimentos, podem constituir exercícios fascinantes, como atestam os antropólogos Flávio Leonel Abreu da Silveira e Manuel Ferreira de Lima Filho[37].

Alguns expoentes da literatura que se ocupam tanto da historicidade como da problematização dos temas e problemas das identidades, das culturas e das memórias, como o antropólogo Stuart Hall, o estudioso Manuel Castells, os historiadores Roger Chartier, Carlo Ginzburg, Jacques Le Goff, Pierre Nora e pesquisadores como Françoise Choay, Lourdes Domíngues, Jose Ballart, entre outros, destacam a relevância de não desqualificarmos as chamadas "identidades nacionais" ou subestimarmos as "identidades étnicas" e as "tradições populares", consideradas dignas de nossa "ação" de "resgate", mas sim de procurarmos equacionar as chamadas "unidades nacionais" e as "pluralidades culturais". Ora, devemos lembrar que os "resgates" são alvos dos paramédicos e do número telefônico 190, não dos pesquisadores ou educadores!

[34] José Reginaldo Santos Gonçalves, *A retórica da perda. Os discursos do patrimônio cultural no Brasil* (Rio de Janeiro: Editora da UFRJ/MinC/IphanN, 2002).
[35] Regina Abreu e Mário Chagas, *Memória e patrimônio*: ensaios contemporâneos (Rio de Janeiro: DP&A, 2003).
[36] Sandra C. A. Pelegrini e Pedro Paulo Funari, *O que é patrimônio cultural imaterial* (São Paulo: Brasiliense, 2008).
[37] Flávio Leonel Abreu da Silveira e Manuel Ferreira de Lima Filho "Por uma antropologia do objeto documental: entre a alma nas coisas e a coisificação do objeto", revista *Horizontes Antropológicos*, Porto Alegre, ano 11, nº 23, p. 37-50, jan./jun. 2005.

Cabe-nos tornar possível a avaliação das múltiplas relações entre a história e a memória ou detectarmos os distintos modos de produzir cultura. As mais variadas formas de expressão e maneiras do saber-fazer humano podem estar vinculadas às sonoridades eruditas e populares, às artes plásticas, à arquitetura, aos linguajares, aos ofícios artesanais e aos conhecimentos tradicionais.

No âmbito da vasta literatura que trata da temática cultural, as pesquisas vêm superando os enfoques teóricos positivistas e buscando interpretar as especificidades das mais diversas linguagens culturais. Assim, não se admite mais o mero reconhecimento de variadas fontes documentais apenas como "testemunhos" das sociedades que as produziram, tampouco como simples depositárias de uma determinada "memória social".

A despeito da expansão do conceito de patrimônio e da significativa contribuição do alargamento dos objetos de interesse de distintas áreas do conhecimento (história, geografia, antropologia, arqueologia, entre outras), reconhecemos que os estudos das práticas preservacionistas precisam ser interpretados como manifestações das percepções humanas, inseridos no âmbito de práticas e representações culturais, políticas e ideológicas.

Em vez de simplesmente rotularmos ou classificarmos os bens culturais que resistiram ao passar dos tempos e continuam presentes como fruto de imposições dominantes, de visões cosmológicas ocidentais e universalizantes, cabe-nos observá-los como experiências historicamente construídas[38]. E mais, nessa linha de argumentação importa-nos perceber como as tradições populares mantiveram-se presentes até os nossos dias sem a intervenção protetora do Estado ou dos intelectuais. Algumas podem ter sofrido alterações, mas não se perderam ao longo do tempo. Como bem o lembra José Reginaldo Santos Gonçalves[39], embora nossos estudos e inventários sejam importantes, não podemos negligenciar que

---

[38] Entrevista do arqueólogo prof. dr. Pedro Paulo A. Funari (São Paulo: Editora Abril/BBC – British Broadcasting Corporation, 2005).
[39] José Reginaldo Santos Gonçalves, *A retórica da perda*: os discursos do patrimônio cultural no Brasil, cit., e, do mesmo autor, *Antropologia dos objetos*: coleções, museus e patrimônio (Rio de Janeiro: MinC. – Iphan – Demu, 2007).

as culturas populares possuem dinâmicas próprias e razões genuínas para permanecerem "vivas" ou "desaparecerem".

Por certo, os propósitos de preservação do patrimônio das mais diversas naturezas, as políticas públicas de proteção e a dedicação dos pesquisadores constituem práticas salutares, mas não possuem a faculdade de garantir a sobrevivência dessa ou daquela tradição.

Talvez o grande desafio se circunscreva a descobrirmos o porquê de sobreviverem, quais as motivações e os sentidos que exercem que as faz permanecer independentes das vontades dominantes.

Esse exercício analítico talvez nos auxilie a compreender certo distanciamento ou desprezo dos segmentos populares em relação aos "admiráveis" bens reconhecidos como obras-primas do patrimônio nacional e, quiçá, mundial. E, ainda, explicitem as atuais e significativas demandas pelo tombamento de monumentos menos suntuosos e de edificações integradas ao cotidiano das populações como estações de trem ou mercados públicos e, mais recentemente, o aclamado registro dos bens culturais de natureza intangível como expressões, conhecimentos, práticas e técnicas populares, representativos do ponto de vista da maior parcela do contingente populacional mundial.

Para se familiarizarem com essas abordagens, os professores e os estudantes necessitam vivenciar experiências de autoestima e descobrir o prazer de retomar suas próprias histórias e as memórias de seus familiares, aspectos que de alguma forma moldam as suas identidades e se eternizam por meio do patrimônio coletivo e individual.

Antes de darmos início às atividades em equipes, previstas para uma fase posterior do processo de aprendizagem, ainda convém que o professor se volte para a organização da literatura consultada e demais materiais de sustentação direcionados para as respectivas turmas com as quais ele vai trabalhar. Tal bibliografia impulsionará a percepção da natureza e das tipologias patrimoniais, bem como a observação e seleção dos bens culturais reconhecidos na escola, na família, no logradouro ou na cidade onde residem os estudantes.

A formação do arquivo pessoal do educador

Após o contato com as referências bibliográficas sobre o assunto a ser estudado, passamos para a fase dos arranjos didáticos resultantes do arquivo pessoal constituído pelo professor no decorrer do levantamento de informações acerca dos bens culturais que pretende abordar.

A utilização da literatura específica e de outros suportes como fontes textuais ou imagéticas nas aulas exige uma preparação prévia que possibilite o trato adequado de todo o material selecionado. Essa tarefa pode ser realizada por meio da sistematização de dados que permitam a identificação do material e dos seus conteúdos.

A preparação do material de apoio

De pronto, lembramos que a sistematização das leituras realizadas e a catalogação simplificada dos materiais selecionados são fundamentais para realização do planejamento didático e de seu manuseio. A organização prática das fontes e das informações deve tomar como referência, no mínimo, os seguintes requisitos técnicos (com pequenas variantes decorrentes das singularidades do material analisado):
- Temática abordada;
- Veículo ou suporte material;
- Data de produção e/ou produtores;
- Acervo onde foi encontrado;
- Resumo do conteúdo;
- Palavras-chave;
- Objetivos da utilização do referido material no âmbito do planejamento das aulas.

A indexação de palavras-chave facilita o manuseio do material, viabiliza sua rápida intersecção com os demais documentos abordados, além de prestar-se à problematização projetada para atividades vindouras.

Desde a segunda metade do século XX, o leque de problemas e objetos abordados pelos pesquisadores se ampliou consideravelmente. No âmbito da pesquisa histórica, por exemplo, os documentários, filmes e registros fotográficos foram considerados importantes registros da experiência humana e tornaram-se alvos de diversas investigações[40]. Entretanto, não podemos confundir a documentação imagética com a "verdade", tampouco tomá-las como "provas" incontestáveis. Os ângulos escolhidos pelo diretor do audiovisual ou do fotógrafo são reveladores de um dado olhar em relação ao que é cristalizado nas lentes da câmera cinematográfica ou da máquina fotográfica. As imagens captadas constituem apenas representações que, não raro, evidenciam as similaridades entre o instante captado e alguns fragmentos da memória humana[41].

A ampliação do campo documental na pesquisa histórica e das ciências afins expandiu as reflexões acerca das correlações entre a produção do conhecimento e a arte cinematográfica, bem como a utilização dessas imagens no ensino das disciplinas nas áreas das humanidades. Esse movimento estimulou os pesquisadores a repensar seus procedimentos teóricos e metodológicos e a estabelecer contatos com outras áreas em busca de métodos condizentes com as necessidades de decodificação dos documentos essencialmente imagéticos.

Nesse âmbito, percebemos que as intersecções entre as produções audiovisuais e a história tendem, com frequência, a dois tipos de interpretação: umas ocupam-se da história do cinema, apontando características estéticas de um filme ou o contexto econômico, social e político do surgimento do cinema, discutindo

---

[40] Ciro F. Cardoso e Ronaldo Vainfas, *Domínios da história* (Rio de Janeiro: Campus-Elsevier, 2005). Carla Bassanezi Pinsky, *Fontes históricas* (São Paulo: Contexto, 2005).
[41] Sandra Pelegrini, artigos "História e imagem: ficção teatral e linguagem cinematográfica", publicado em *Dimensões da imagem. Interfaces teóricas e metodológicas* (Maringá: Eduem, 2005).

inclusive as bases tecnológicas da invenção. Outros estudos analisam a produção cinematográfica como memória de um período histórico, como fonte documental, identificando as conexões entre o cinema e as lutas políticas e sociais do seu tempo.

A literatura que se ocupa do cinema vem superando os enfoques teóricos positivistas e buscando a compreensão das especificidades da linguagem imagética. Assim, não se admite mais apenas o reconhecimento da imagem cinematográfica como importante "testemunho" da sociedade que a produziu, conforme sugeriam, desde a década de 1960, os historiadores vinculados à Escola dos Annales, tampouco o filme como simples depositário de uma determinada "memória social", como afirmava Marc Ferro, um dos historiadores pioneiros no estudo do cinema como fonte para pesquisa.

A despeito da significativa contribuição desses pesquisadores no campo da utilização da imagem como fonte e do alargamento dos objetos nas pesquisas históricas e ciências afins, reconhecemos que o estudo embasado no documento fílmico não pode supor que ele constitua um "reflexo" da realidade a que se refere. O filme deve ser considerado uma forma de manifestação das percepções humanas, inserido no âmbito de práticas e representações culturais, políticas e ideológicas de seu tempo.

Esse enfoque pressupõe a superação dos frequentes enfoques desabonadores atribuídos aos filmes produzidos para o mercado da cultura industrializada (ou da cultura de massa). Entretanto, as produções cinematográficas não podem ser analisadas apenas pelo seu potencial "libertário" ou "alienante"[42]. Em lugar de simplesmente rotularmos ou classificarmos um filme, um documentário ou um programa de televisão como bom ou ruim, cabe-nos apreender a construção da sua narrativa, notar se a obra dialoga com os problemas da sociedade, se questiona ou não posturas políticas vigentes, se propõe soluções para os impasses apresentados no enredo.

---

[42] Ibid, p. 123-154.

Segue abaixo um exemplo do tipo de sistematização de dados apropriada à análise de um programa educativo exibido pela TV Futura e disponibilizado para as escolas.

Atividade 1 – Fontes audiovisuais e a temática do patrimônio

Temática abordada	"O patrimônio cultural"
Veículo	Fita de vídeo/DVD
Suporte	Aparelho de TV e videocassete/DVD
Produção	"TV Futura" (s/ data)
Acervo	Núcleo Regional de Educação
Conteúdo	Série de programas que apresenta as primeiras noções sobre cultura e patrimônio por meio de: a) diálogos entre dois atores que apresentam o programa; b) utilização de depoimentos de professores, líderes religiosos, arquitetos, população local; c) mostra de objetos, músicas e imagens; d) utilização de mapas para localização dos temas tratados. • Ênfase na ideia de que a mistura entre as etnias contribuiu para a formação de uma cultura singular. • Mostra de algumas cidades históricas brasileiras. • Identificação do sincretismo religioso. • Abordagens de festas populares. • Apresentação de pratos típicos e do artesanato de diversas regiões do país.
Palavras-chave	Cultura, patrimônio histórico, tradições e festas brasileiras
Objetivo(s)	Introdução à temática do patrimônio histórico.

Torna-se pertinente salientarmos que o material audiovisual tomado como exemplo seja aliado a outras informações. Contudo, há que se adotar a devida cautela no trato de tipologias documentais e referências bibliográficas, analisando-as criticamente. Como? Primeiramente observando a maneira como as imagens e os sons são justapostos e como pressupõem um dado entendimento do tema tratado e, depois, detectando os juízos de valor incorporados às cenas. Esses dados podem fornecer pistas basais para a sua análise. De modo semelhante podemos abordar as fontes textuais. Inicialmente buscamos compreender a articulações entre o texto e o contexto. Em seguida, rastreamos os objetivos apresentados do autor, esmiuçamos os argumentos reunidos por ele e seu posicionamento em relação ao tema enfocado.

Nessa linha, vejamos como sistematizar resumidamente os dados contidos no artigo "Cultura e natureza: os desafios das práticas preservacionistas na esfera do patrimônio cultural e ambiental", de minha autoria, publicado na *Revista Brasileira de História*, editada pela Associação Nacional dos Professores de História, em 2006.

Atividade 2 – Fontes textuais: a problematização da palavra escrita

Temática abordada	"Cultura e natureza: os desafios das práticas preservacionistas na esfera do patrimônio cultural e ambiental"
Suporte	Artigo impresso em formato digital e disponível em http://www.scielo.br/rbh
Autora	Sandra de Cássia Araújo Pelegrini
Veículo	*Revista Brasileira de História*, publicada na cidade de São Paulo, em 2006, volume 26, número 51, páginas 115-140
Acervo	Biblioteca de História da Faculdade de Filosofia, Letras e Ciências Humanas da Universidade de São Paulo - USP

Conteúdo	Esse artigo trata das práticas preservacionistas adotadas na América Latina, privilegiando o desafio de associar o reconhecimento de identidades plurais à salvaguarda do patrimônio cultural. Para tanto, destaca como as relações entre natureza e cultura têm se manifestado nas concepções do patrimônio e norteado ações pontuais na esfera da reabilitação dos núcleos históricos. Contudo, a autora parece não aprofundar o enfoque sobre os novos parâmetros da educação patrimonial e ambiental. Sua ênfase recai nas relações entre o patrimônio, a memória e a história, consideradas ferramentas vitais para o acesso à cidadania e ao desenvolvimento sustentável.
Palavras-chave	Bens culturais, preservação ambiental, desenvolvimento sustentável
Objetivo geral da aula	O contato com esse artigo poderá aprofundar a temática do patrimônio e, sutilmente, propor indagações que possam instigar os alunos a produzir uma reflexão crítica sobre o assunto tratado pela autora.

A atividade 2, como pretendemos demonstrar, presta-se a elencar informações básicas a respeito do artigo mencionado, problematizar o texto e a complexidade das questões apresentadas pela autora. Por certo, após o contato com o referido artigo ou com outros textos de semelhante teor, torna-se possível provocar um debate com os alunos do ensino médio e fundamental, respeitando-se, devidamente, o grau de dificuldade apresentado pelas produções textuais escolhidas para as respectivas turmas. Nesse caso, vale trabalharmos desde o vocabulário até o sentido das frases.

Noutra frente de trabalho, lembramos que o uso de registros fotográficos nas aulas também nos parece bastante viável. As fotos podem ser acessadas por meio de jornais, revistas, sites da internet ou recolhidos entre os alunos. A adequada utilização das fotografias nas entrevistas com a comunidade ou nas aulas pode ser apropriada se considerarmos que as imagens são importantes dispositivos capazes de evocar a memória social ou individual. Aliás, Boris Kossoy[43], ao relacionar "fotografia" e "história", enfatiza que a primeira apresenta-se como elemento capaz de deflagrar lembranças e memórias, reunindo indícios referentes às formas de celebração, a aspectos do cotidiano, a modos de viver e até se configurar como elemento fundamental na construção ou divulgação de determinados fatos cuja finalidade é reconstituir a "verdade" (no caso das fotografias utilizadas em jornais, revistas ou processos-crime).

Mas como afirmamos anteriormente, precisamos ser cautelosos em relação à observação das imagens. Apesar de Boris Kossoy afirmar que a fotografia constitui "[...] Fonte inesgotável de informação e emoção. Memória visual do mundo físico e natural, da vida individual e social"[44] e concluir que a fotografia excita "a mente, a lembrança, a reconstituição" de uma dada temporalidade, não podemos ignorar que o observador deve estar atento e apto a interpretar os signos que as imagens representam de acordo com o contexto de sua produção.

No caso específico do estudo do patrimônio cultural, a análise comparativa das imagens contidas nas fotografias ou audiovisuais pode favorecer, principalmente, o vislumbre das transformações da paisagem, as características estéticas de determinados conjuntos arquitetônicos ou obras de arte. O cotejamento de informações impressas nas diversas formas de relatos sobre a cidade ou logradouros também nos propicia uma determinada noção da paisagem, em tempos e espaços distintos[45].

[43] Boris Kossoy, *Realidades e ficções na trama fotográfica* (Cotia: Ateliê Editorial, 2002).
[44] Ibid, p. 101.
[45] Sandra Pelegrini, "Cultura e natureza: os desafios das práticas preservacionistas na esfera do patrimônio cultural e ambiental", publicado no Dossiê Natureza e Cultura (jul./2006), em *Revista Brasileira de História*, São Paulo, Anpuh, 2006; Rosana Steinke, "A história urbana de Maringá e a prática do ensino de história: sugestões para atividades didáticas", capítulo do livro *Ruas curvas versus ruas retas*: a trajetória do urbanista Jorge de Macedo Vieira (Maringá: Eduem, 2007), p. 195-210.

Recomendamos que a utilização da fotografia numa aula devotada à análise do patrimônio privilegie a escolha de registros de um mesmo lugar em épocas diferentes e que seja precedida do arrolamento de algumas informações básicas, tais como: a autoria, a data e uma descrição densa das imagens captadas pelas lentes da câmera. Além desses dados, seguem abaixo alguns requisitos adequados à leitura das fotos selecionadas pelo educador.

Atividade 3 – Os registros fotográficos e a memória social

1) Explicitar o tema central da foto.

2) Observar se faz referência a memórias individuais ou coletivas, destacando se se trata de um registro de efemérides como, por exemplo, de um momento de celebração relativo ao aniversário da cidade ou outros festejos, ou de uma foto que apenas registra personagens familiares ou paisagens.

3) Informar o nome do fotógrafo (ou acusar autoria desconhecida) e a origem das fotos (acervos públicos ou pessoais).

4) Atentar ao foco central da imagem fotografada e suas temporalidades.

5) Efetuar uma descrição densa das imagens observando se os personagens e as paisagens aparecem em primeiro ou em segundo plano etc.

6) Notar os ângulos escolhidos pelo fotógrafo visando desvendar sua intencionalidade e, consequentemente, o conteúdo subjetivo e simbólico das fotos.

7) Atentar para a transformação de alguns pontos da cidade.

Nesse caso também cabe ao educador selecionar os vocábulos que permitam uma rápida identificação da temática abordada nas fotos, informar sobre o suporte material das imagens e alertar para a fragilidade daquelas que se apresentam em papel.

Com efeito, a exibição dos registros fotográficos por meio da sua reprodução via multimídia ou do retroprojetor, além de poupar as fotos do processo degenerativo, permitirá uma análise coletiva mais abrangente. Nosso objetivo se pautará, portanto, pelo ensejo de evidenciar a transformação da paisagem urbana ou ambiental processada num dado período, a conservação ou deterioração de monumentos ou obras de arte expostas no espaço público, como esculturas, murais, painéis, entre outras. Será uma excelente oportunidade para chamar a atenção para nefastas ações de vândalos que causam fraturas nas peças ou pichações.

A sistematização desses dados precisa ser realizada de forma concatenada aos objetivos gerais das atividades projetadas nos planos de aula e de acordo com as tarefas programadas para cada encontro planejado a fim de estimular os interesses individuais e coletivos dos alunos, mas, sobretudo, para também atingir os objetivos da educação patrimonial, quais sejam: conhecer, identificar e desenvolver a "consciência da preservação do patrimônio" entre os nossos jovens[46].

As atividades em equipes serão desencadeadas em outra fase de realização do projeto didático do professor. Após nos reportarmos à organização das referências bibliográficas, audiovisuais, fotografias e demais publicações de apoio ao trabalho, apontaremos referências para auxiliar a compreensão da natureza e das tipologias patrimoniais, bem como a observação crítica do tema. Para isso contamos com a utilização de textos que visam provocar a reflexão crítica e auxiliar a compreensão dos alunos[47].

Os textos geradores

Toda atividade didática programada necessita estar fundamentada em textos introdutórios, mas também nos materiais que suscitem as percepções subjetivas dos estudantes, levando-os a refletir criticamente sobre os temas que envolvem as problemáticas culturais. Trechos de cantigas, artigos de jornal e revistas, charges ou

---

[46] Pierre Nora, "Conclusion dês entretiens", em Science et conscience du patrimoine. Actes dês entretiens du patrimoine (Paris: Librairie Fayard/Éditions du Patrimoine, 1997).
[47] Elizabeth F. V. de Andrade, "Entre Evas e uvas: textos geradores numa abordagem interacional para a alfabetização de adultos." Moara – Revista dos Cursos de Pós-Graduação em Letras da UFPA, Belém, 2003, pp. 57-75.

tiras provocam discussões complementares e, por essa característica, comumente são nomeados "textos geradores".

A análise de uma matéria jornalística exige uma reflexão teórica capaz de evitar que incorramos no erro de apenas repetir o seu conteúdo, como bem o lembra a historiadora Tania Regina de Luca no artigo "História dos, nos e por meio dos periódicos"[48]. Esse artigo nos orienta a observar, por um lado, as origens das empresas jornalísticas, seus vínculos políticos, a qual público se dirige e, por outro, analisar seu formato, tipo de papel, qualidade da impressão, estruturação, tipo de publicidade que veicula.

Assim, embora nossa proposta aqui se circunscreva à utilização de dois artigos como textos geradores, convém levarmos em consideração essas proposições. Para isso, transcrevemos alguns trechos do artigo "Patrimônio de aluguel" (*Gazeta Mercantil*) e "Ações do homem levam a mudanças climáticas" (*Tribuna da Imprensa*) e, na sequência, procuraremos adotar os procedimentos sugeridos por Tania Regina de Luca.

Texto gerador nº 1 – Questões atuais: "Patrimônio de aluguel"

Artigo: "Patrimônio de aluguel – Governo estuda transformar edifícios históricos em hotéis e transferir seu gerenciamento para iniciativa privada", publicado no jornal *Gazeta Mercantil*, em 1º/9/2006, assinado por Regiane de Oliveira.

"Um projeto ainda sem nome, mas que tramita a sete chaves entre os ministérios da Cultura e do Turismo, promete causar polêmica: a concessão de edifícios tombados pelo Patrimônio Histórico Nacional à iniciativa privada. O Instituto do Patrimônio Histórico e Artístico Nacional (Iphan), em pesquisa realizada para o Programa Monumenta, levantou 62 prédios históricos com potencial turístico. A meta é aproveitar recursos do Banco Interamericano de Desenvolvimento (BID) para restaurar, criar mecanismos de conservação e gestão dos prédios. E o instituto identificou a hotelaria como uma das melhores oportunidades de geração de recursos para isso."
(...)

---

[48] Tania Regina de Luca, "História dos, nos e por meio dos periódicos", em Carla B. Pinsky (org.), *Fontes históricas* (São Paulo: Contexto, 2005), pp. 111-153.

"No Brasil, o projeto prevê que os edifícios continuem em poder do Estado, porém, administrados por uma rede privada. Segundo o ministro do Turismo, Walfrido dos Mares Guia, a ideia seria colocar pelo menos dois edifícios em licitação já no próximo ano. No entanto, muitas negociações ainda precisam ser feitas. Até mesmo porque as Forças Armadas, que controlam os fortes e fortalezas, e as entidades religiosas, proprietárias dos conventos, não foram consultadas. Aliás, o estudo não analisa o impacto que essa 'privatização' terá na opinião pública. Para o arqueólogo Pedro Paulo Funari*, da Unicamp, 'o uso de edifícios históricos para a hotelaria e turismo tem sido tema de discussões internacionais. Para preservar um patrimônio histórico é necessário torná-lo vivo para o patrimônio local, afirma'".

(...)

"De acordo com o pesquisador, não dá para desvincular o patrimônio histórico do patrimônio cultural – todos os bens materiais (igrejas, casas, praças, conjuntos urbanos, obras de arte ou artesanato, entre outros) e imateriais (modos de criar e fazer; a literatura; a música; as expressões; e os costumes)."

(...)

"Desde longa data a secretaria geral da Unesco vem solicitando, a nós, especialistas, a realização de estudos sobre a viabilidade de se promover organizações oficiais de turismo capazes de fomentar políticas de intervenção aptas a garantir a sustentabilidade econômica do patrimônio cultural", comenta Sandra Pelegrini**.

(...)

"O foco dos estudos é combater o turismo massivo, 'aquele que causa deterioração do meio ambiente e dos entornos do patrimônio edificado'". Mas é necessário ultrapassar o âmbito acadêmico. O desejável é que o governo e as empresas abram a discussão sobre como gerir o patrimônio histórico para a comunidade. Até mesmo porque, "corre-se o risco de criar um outro problema: a alienação dessa população em relação a esse patrimônio", ressalta Funari, "fenômeno comum nos países pobres".

(...)

* Organizador do livro *Turismo e patrimônio cultural*, com Jaime Pinsky (São Paulo: Contexto, 2003).
** Coautora do livro *Patrimônio histórico e cultural*, redigido em parceria com Pedro Paulo Funari (Rio de Janeiro: Zahar, 2006).

Texto gerador nº 2 – Questões atuais: "Ações do homem levam a mudanças climáticas"

Artigo: Especialistas atestam previsão de maior aquecimento global, publicado no jornal Tribuna da Imprensa Online, Rio de Janeiro, em 2/2/2007. Disponível em http://www.tribunadaimprensa.com.br/index.htm. Acessado em 3/2/2007.

"Sete dos principais climatologistas do planeta assinam hoje, na revista americana Science (www.sciencemag.org), um artigo em que mostram como as mudanças decorrentes do aquecimento global foram mais rápidas do que esperava a ONU em 2001. O alerta antecede o tom da apresentação, hoje em Paris [2/2/2007], do novo relatório da instituição sobre o tema."

"Eu diria que o IPCC (Painel Intergovernamental de Mudanças Climáticas) está fazendo um trabalho excelente. Mas digamos que ele tende mais a uma posição cautelosa demais, em vez da alarmista, explicou um dos autores [do referido artigo], o alemão Stefan Rahmstorf, do Instituto Potsdam de Pesquisa do Impacto Climático."

"Além de Rahmstorf, especialista em física dos oceanos, assinam o texto o americano James Hansen, da Nasa, um dos primeiros defensores públicos de medidas para evitar as mudanças climáticas, e Ralph Keeling, filho de Charles, a primeira pessoa que mediu o aumento do nível de dióxido de carbono (CO_2) na atmosfera, indicando seu impacto no equilíbrio da Terra."

"Os cientistas compararam as antigas previsões do IPCC para o período de 1990-2006 (base para o Protocolo de Kyoto) a dados coletados até o ano passado. Como toda previsão climática, feita com base em dados coletados em campo e modelos matemáticos refinados, há uma margem de acerto e de erro."

"Segundo eles, o IPCC acertou quanto à concentração de CO_2 (380 partes por milhão), quase perdeu no acréscimo de temperatura (0,33 °C, o cenário mais quente do painel) e errou feio na projeção do aumento do nível dos oceanos (menos de 2 milímetros por ano, quando na verdade foi de 3,3 mm)."

Preparação

"Com o artigo, os sete [autores do artigo científico] não pretendem criticar o trabalho do painel – do qual todos fazem parte – mas sim afastar o mito de que o IPCC tem 'exagerado' o aquecimento global, diz o alemão. É quase uma ação preventiva. Hoje, o novo relatório do IPCC mostrará, preto no branco, que o homem é sim o culpado pelo aquecimento global. A certeza é de mais de 90% – o que, no jargão científico, é responsabilidade inequívoca."

"O dado desmente aqueles que dizem que a Terra está apenas passando por mais um ciclo natural e que as atividades humanas têm pouco impacto no clima. Uma saída para os 'céticos do aquecimento' é colocar o próprio IPCC em dúvida – tese difícil de se defender com esta análise na Science. Com o fato consumado, o debate político e o econômico mudam. Países que não assumiram ainda sua parcela de culpa, especialmente os Estados Unidos, serão pressionados a mudar seu estilo de produção e consumo. Nações em desenvolvimento, entre elas o Brasil, terão de encontrar alternativas para frear suas emissões de gases-estufa sem perder o trilho do crescimento."

"Depois deste, o próximo estudo do IPCC só sai em 2012, quando termina o prazo inicial do protocolo, como lembra o brasileiro Paulo Artaxo, membro do painel. 'Este relatório será a base das negociações pós-Kyoto. Imagina as repercussões econômicas...'."

"Artaxo diz que o tempo é curto para evitar as consequências mais perigosas. As mudanças climáticas não são mais uma projeção, mas realidade. O novo relatório mostra, por exemplo, que o aumento dos furacões violentos como o Katrina, que destruiu em 2005 a cidade americana de Nova Orleans, estão ligados ao aquecimento global. No futuro, eles serão ainda mais fortes nas Américas."

"Apesar da urgência, o IPCC não deve adotar o tom alarmista. Deixará a outras esferas da ONU e aos governos este papel. Os dados, acreditam os integrantes do painel, serão suficientemente fortes para acelerar mudanças – também porque o grau de incerteza diminuiu desde o último relatório. 'Não tenho certeza se um alerta mais pavoroso provocaria uma reação mais rápida e apropriada', diz Rahmstorf. 'Acredito que devemos atuar com a informação mais precisa possível'."

A apresentação de fragmentos dessas duas matérias jornalísticas referentes ao patrimônio edificado e ao patrimônio ambiental, com certeza lança luzes sobre os intricados problemas enfrentados pelas políticas preservacionistas não só no Brasil como em todo o mundo. Não obstante, em termos práticos, a abordagem dos dados comentados nesses dois textos geradores exige do educador a retomada das acepções conceituais expostas nos capítulos iniciais deste livro. Mas, de início, sugerimos a apreciação do próprio título dos artigos, os temas tratados, o nome dos jornalistas, as datas de publicação, a problematização do conteúdo da matéria, a contextualização, os objetivos, a fundamentação teórica, entre outros dados.

Passamos então a exemplificar possibilidades de análise das respectivas matérias acima arroladas.

Atividade 4 – A percepção da matéria jornalística: "Patrimônio de aluguel"

Título	"Patrimônio de aluguel"
Temática abordada	"Governo estuda transformar edifícios históricos em hotéis e transferir seu gerenciamento para iniciativa privada."
Autoria	Regiane de Oliveira
Veículo	Jornal *Gazeta Mercantil*, publicado em São Paulo – Capital
Data	1º/9/2006
Acervo	Jornal *Gazeta Mercantil* – SP – Bibliotecas públicas
Público-alvo	Empresários e comerciantes
Filiações	Jornal vinculado a grandes associações patronais de São Paulo

Fundamentações da matéria	A jornalista Regiane de Oliveira apoia suas argumentações nas declarações do ministro do Turismo e em produções científicas recentes como o livro *Patrimônio histórico e cultural* (Rio de Janeiro: Zahar, 2006) e na entrevista concedida por seus autores, Pedro Paulo Funari e Sandra Pelegrini.
Conteúdo	Estado brasileiro discute em 2006 a viabilidade da privatização de fortalezas e conventos que integram o patrimônio nacional com vistas a transformá-los em atrativos turísticos. Trata-se de um projeto que envolve a transformação de fortes, fortalezas e conventos em hotéis que possam gerar recursos financeiros. Entre os patrimônios apontados constam: 1. Fortaleza de Santa Cruz do Anatomirim (SC) 2. Forte do Castelo e Forte do Presépio (Belém, Pará) 3. Convento Santa Maria dos Anjos, em Penedo (AL) 4. Convento Santa Cruz, São Cristóvão (SE) 5. Convento de Santo Antônio de Paraguaçu Cachoeirinha (BA) 6. Convento Nossa Senhora das Neves, em Olinda (PE) 7. Fortaleza de Santa Cruz da Barra, em Niterói (RJ) A matéria, indiretamente, endossa a iniciativa do governo brasileiro, cuja inspiração remonta ao sucesso das experiências realizadas nesse setor, em países como a Espanha e Portugal.
Palavras-chave	Patrimônio histórico, turismo, conservação integrada, privatização, desenvolvimento sustentável.

Objetivos a serem debatidos no decorrer da aula	Problema a ser levantado: se, por um lado, a transformação desse patrimônio em hotéis de luxo afasta a comunidade local da fruição desses bens, por outro pode gerar emprego e renda na medida em que atrair os turistas. Ademais, os recursos decorrentes dos empreendimentos podem garantir a restauração e a preservação desses conventos, fortes e fortalezas do patrimônio brasileiro (desde que devidamente registrados em contrato e imperiosamente comprometidos com procedimentos apropriados de restauro). • Seria possível conciliar a salvaguarda e a participação da comunidade residente nas proximidades desses locais e ainda promover o desenvolvimento sustentável, sem inviabilizar o usufruto ou acesso democrático a esses bens? Há uma predisposição do periódico de apoiar a iniciativa governamental.

Como alertamos, antes de introduzir os textos geradores, o educador deve atentar para a necessidade de explorar as suas potencialidades e os conceitos capazes de oferecer sustentação à apreciação crítica dos temas tratados.

Atividade 5 – O jornalismo e as questões atuais: "Ações do homem levam a mudanças climáticas"

Título	"Ações do homem levam a mudanças climáticas"
Temática abordada	Dados resultantes de parte dos estudos publicados num artigo científico sobre o aquecimento global que analisa os impactos das conclusões do Painel Internacional de Mudanças Climáticas (IPCC), divulgado na França, em 2/2/2007.

Autoria	Não explicitada.
Veículo	Artigo veiculado por meio do jornal Tribuna da Imprensa Online (Rio de Janeiro - RJ). Disponível em http://www.tribunadaimprensa.com.br/index.htm. Acessado em 3/2/2007.
Data	2/2/2007
Público-alvo	Segmentos que têm acesso à internet.
Fundamentações da matéria	O jornalista centra-se nos depoimentos dos autores de um artigo assinado por sete estudiosos que participaram das pesquisas do IPCC e que foi publicado na conceituada revista americana *Science*, antes do lançamento do Painel Internacional de Mudanças Climáticas.
Conteúdo	Essa matéria colhe depoimentos e entrevistas de especialistas americanos em mudanças climáticas. Os comentários dos estudiosos adiantam que as conclusões do relatório efetuado pelo IPCC, anunciado em Paris, revelam a gravidade do aumento das temperaturas nos oceanos e sobre o clima na Terra. Nas entrelinhas das falas dos cientistas percebe-se que tais conclusões seriam levadas a público de modo não alarmante, ou seja, minimizadas, para não gerar confrontos políticos indesejáveis no início do ano de 2007. Entretanto, as evidências apontam para o fato de que os 2,5 mil pesquisadores de distintas partes do planeta advertiram que as alterações climáticas que vêm ocorrendo, praticamente, desde a Revolução Industrial, mas agravadas no decorrer do século XX, se intensificaram consideravelmente a partir da década de 1990. Enfim, o artigo tende a esclarecer que não há

	"exagero" por parte do relatório do IPCC, muito pelo contrário, esse painel deve mobilizar toda a sociedade humana e as autoridades políticas, responsáveis pela tomada de decisões urgentes e preventivas de modo a amenizar a situação que em alguns casos já se mostra irreversível. Torna-se imprescindível acelerar as negociações referentes ao Protocolo de Kyoto e imperiosa a conscientização das grandes potências mundiais e países que alcançaram altos índices de industrialização, como os EUA e a China (emissores de quantidades significativas de gases tóxicos na atmosfera), de que têm o dever moral de finalmente aderir às proposições que vêm sendo sugeridas desde a Eco-92, realizada no Brasil.
Palavras-chave	Patrimônio ambiental; aquecimento global; mudanças climáticas; "efeito estufa".
Objetivos	Chamar a atenção para os perigos do aquecimento global e do desequilíbrio climático: • promover debates relativos às enchentes que vêm assolando diversas cidades do Brasil e do mundo; • lembrar as catástrofes que o "efeito estufa" vem provocando em distintas partes do globo terrestre. Propor uma discussão sobre a contribuição de cada cidadão em relação aos projetos alternativos como: • "lixo seletivo"; • reciclagem de materiais reutilizáveis (papel, plástico, latinhas, entre outros); • plantio de novas mudas de árvores, proteção das matas ciliares à beira dos rios e córregos dos logradouros próximos à escola.

A análise da matéria jornalística pressupõe a assimilação crítica do conteúdo da notícia. Nesse caso, seria produtivo colocar em evidência que todos nós somos responsáveis pelo planeta. Cada ação em prol do meio ambiente e da preservação do verde, por mais modesta que pareça ser, pode contribuir para o reflorestamento de grandes ou pequenas áreas e auxiliar a inibir a emissão de gases tóxicos na atmosfera.

Como procuramos demonstrar, esse tipo de texto pode suscitar discussões capazes de aguçar o interesse dos estudantes e provocar reflexões acerca dos problemas atuais. No caso do ensino fundamental parece-nos mais apropriado que o educador selecione uma matéria, discuta com os alunos, proponha que eles façam uma redação a respeito do tema tratado na notícia, e depois, sob sua orientação, debatam por que determinados aspectos foram mais enfatizados do que outros. Para o ensino médio, o procedimento pode ser semelhante. Contudo, é possível solicitarmos que os estudantes selecionem matérias relativas ao patrimônio e produzam pôsteres com textos e gravuras, justificando os enfoques adotados.

Igualmente provocadoras são as charges e as tiras publicadas nos jornais locais ou nacionais. As imagens não "falam" por si, mas a comicidade, a irreverência e as legendas que acompanham as linhas do desenho oferecem pistas valiosas sobre o olhar crítico do cartunista. Essas apreciações, somadas à avaliação de matérias jornalísticas (antigas e novas), suscitam questionamentos em relação aos impasses da preservação, criam as condições necessárias para despertar nos adolescentes e jovens a importância dessa abordagem. Em contrapartida, a análise conjunta de artigos publicados em revistas especializadas, livros e manuais produzidos pelo Iphan (acessíveis pela internet) fornecem embasamento necessário para a compreensão dos desdobramentos dessas questões no Brasil.

A leitura cuidadosa da Constituição Federal de 1988 e a observação de decretos e leis voltados à defesa ambiental e patrimonial conduzem a uma reflexão mais profunda sobre a questão do direito à memória e ao exercício da cidadania em nosso país. Por essa via, cabe-nos discutir com os estudantes pelo menos os conteúdos dos artigos 215 e 216 da Carta Magna.

Texto gerador nº 3: Constituição Federal de 1988

Título VIII – Da Ordem Social, Capítulo III – Da educação, da cultura e do desporto – Artigos 215 e 216

Art. 215. O Estado garantirá a todos o pleno exercício dos direitos culturais e acesso às fontes da cultura nacional e apoiará e incentivará a valorização e a difusão das manifestações culturais.

§ 1º O Estado protegerá as manifestações das culturas populares, indígenas e afro-brasileiras, e das de outros grupos participantes do processo civilizatório nacional.

§ 2º A lei disporá sobre a fixação de datas comemorativas de alta significação para os diferentes segmentos étnicos nacionais.

Art. 216. Constituem patrimônio cultural brasileiro os bens de natureza material e imaterial, tomados, individualmente ou em conjunto, portadores de referência à identidade, à ação, à memória dos diferentes grupos formadores da sociedade brasileira, nos quais se incluem:
I – as formas de expressão;
II – os modos de criar, fazer e viver;
III – as criações científicas, artísticas e tecnológicas;
IV – as obras, os objetos, os documentos, as edificações e os demais espaços destinados às manifestações artístico-culturais;
V – os conjuntos urbanos e sítios de valor histórico, paisagístico, artístico, arqueológico, paleontológico, ecológico e científico.

§ 1º O poder público, com a colaboração da comunidade, promoverá e protegerá o patrimônio cultural brasileiro, por meio de inventários, registros, vigilância, tombamento e desapropriação, e de outras formas de acautelamento e preservação.

§ 2º Cabem à administração pública, na forma da lei, a gestão da documentação governamental e as providências para franquear sua consulta a quantos dela necessitem.

§ 3º A lei estabelecerá incentivos para a produção e o conhecimento de bens e valores culturais.
§ 4º Os danos e as ameaças ao patrimônio cultural serão punidos, na forma da lei.
§ 5º Ficam tombados todos os documentos e os sítios detentores de reminiscências históricas dos antigos quilombos.

O contato direto dos alunos com o conteúdo desse documento os induzirá a interpretar a acepção de patrimônio adotada no país e a compreender os conceitos que definem as prioridades das políticas preservacionistas. Contudo, devemos esclarecer que a proteção e a salvaguarda dos bens dependem da implementação de decretos e leis federais, estaduais e municipais.

Além disso, é possível que o contato com a Constituição possa incentivar os estudantes a descobrirem os direitos e deveres do Estado brasileiro e de cada cidadão. Realizadas essas observações, passemos à organização dos planos de aula.

Estratégias para a confecção dos planos de aula

O planejamento das aulas pelos educadores será mais completo se levar em consideração práticas diversificadas. Por essa razão, a inclusão de estudos dirigidos, a leitura dinâmica de fragmentos de textos e artigos, a mostra de fotografias e programas audiovisuais especializados, produzidos com assessorias adequadas, como são os da TV Cultura, TV Escola e TV Futura, trarão contribuições cruciais para as aulas.

O trato apropriado desses materiais será essencial para o bom êxito na introdução da temática patrimonial, bem como para darmos prosseguimento às atividades que visam ao reconhecimento dos bens culturais da escola, da família e da comunidade onde vivem os alunos.

As atividades lúdicas constituem outros recursos bem aceitos nos distintos níveis do ensino, mas, especialmente, nos dois primeiros ciclos do ensino fundamental. As visitas a alguns espaços da escola e imediações, a confecção de desenhos, a participação em brincadeiras atraem a atenção dos alunos de menor idade. A organização de excursões para alguns pontos da cidade, a realização de entrevistas com a população residente, o exercício de criação de jogos de tabuleiro ou jogos digitais que versem sobre a temática do patrimônio poderão atrair os adolescentes e, posteriormente, ser disponibilizados entre as turmas iniciais e, de acordo com o grau de dificuldade, tornar-se alvo de disputas saudáveis entre as próprias equipes de alunos do ensino médio que os criaram.

Por certo, não podemos nos esquecer de fazer uso e tomar como aliados os equipamentos técnicos das escolas. Parte delas conta com equipamentos de TV, vídeo e DVD, computadores conectados à rede mundial de informações (como a internet) que atraem consideravelmente os estudantes e os mobilizam para a realização de atividades extras no colégio.

Contudo, seria, no mínimo, desleal de nossa parte não nos lembrarmos das escolas que funcionam nos mais longínquos recônditos do Brasil e que dependem exclusivamente da boa vontade de professores, que se esforçam para alfabetizar nossas crianças e exercem seu ofício sem as menores condições de trabalho e de infraestrutura. Esses profissionais atuam em barracões improvisados, sem mesas e cadeiras, sem acesso aos materiais didáticos que deveriam ser fornecidos pelo Governo Federal. Alguns deles não desanimam, procuram se atualizar e chegam a trabalhar, talvez até desconhecendo a dimensão das atividades que realizam.

Questões relacionadas às tradições orais são enfocadas de maneira prática, por meio do incentivo para a realização de singelas festas regionais, nas quais são retomados os costumes antigos e os rituais da comunidade. Não raro, eles buscam informações por meio do sistema de educação à distância, especialmente quando são lembrados por países ricos ou entidades assistencialistas que efetuam doações de computadores e outras mídias. No entanto, existem ocorrências de donativos retidos nas alfândegas por excesso de burocracia ou casos de doações de equipamentos para serem usados em regiões onde nem sequer existe energia elétrica – aspecto capaz de inviabilizar o uso dos aparelhos, mas que acabam sendo driblados com o uso de geradores.

Não podemos negligenciar também a existência de pequenas cooperativas que garantem a sobrevivência de famílias e de comunidades inteiras no interior do país. Dessa maneira, também os saberes artesanais, os segredos culinários e os conhecimentos dos poderes das plantas medicinais são passados de geração a geração.

Quando bem orientadas, essas cooperativas tornam-se exportadoras de produtos "naturais" (considerados "exóticos") para os chamados "países do Primeiro Mundo". Todavia, por vezes, esses conhecimentos são apropriados por empresas multinacionais e associadas sem qualquer escrúpulo, pois as populações nativas, por necessidade ou mera ingenuidade, os trocam por "pequenos favores" como a doação de brinquedos, roupas, alimentação. Assim, informações preciosas sobre essências, aromas, beberagens e plantas medicinais da floresta são transformadas em investimentos altamente rentáveis para tais empresas.

Mas, retomando as demandas do planejamento das aulas, lembramos que, sem dúvida, a introdução dos tópicos pertinentes ao patrimônio por meio de explanações objetivas, pautadas nas fontes textuais e visuais levantadas pelo professor, intercaladas com atividades lúdicas, irão gerar o entusiasmo dos estudantes e envolvê-los ainda mais nas atividades propostas pelo professor. Nessa direção, após o contato com os audiovisuais, as fotografias e com as explicações fundamentadas no estudo dirigido dos textos ou artigos (escolhidos de acordo com as opções do educador), propomos que os alunos tenham acesso aos exercícios lúdicos, pois, além de divertidos, eles facilitam a compreensão dos conteúdos, dissimulados por meio de cruzadinhas ou anagramas.

Entendemos também que a realização de atividades lúdicas acessíveis como a criação de joguinhos educativos pelos próprios educadores e educandos pode vir a driblar as carências materiais de algumas unidades escolares. A recomendação no sentido da criação de desenhos relativos ao tema tratado, de histórias em gibis, de caça-

-palavras e de anagramas pode beneficiar o aprendizado e divertir. Propostas desse tipo foram testadas e relatadas pela professora licenciada em história, Márcia Solange Volkmer, no artigo "O lúdico e o patrimônio: uma proposta pedagógica"[49]. Proponha aos estudantes que completem um anagrama com palavras relacionadas ao texto discutido e ao vídeo assistido, como o indicado abaixo.

Exercício lúdico 1: Os anagramas e os bens culturais

			C					
			U		B			
			L		E			
P	A	T	R	I	M	Ô	N	I	O
			U		S			
			R					
	N	A	T	U	R	A	I	S
			L					

Por meio dessa atividade, o professor pode retomar alguns conceitos de uma forma mais arguta e observar o aproveitamento dos estudantes em relação à abordagem realizada.

Sugerimos também a adoção de jogos de dominó ou jogos da memória inspirados na lista dos bens brasileiros reconhecidos como patrimônios culturais materiais e imateriais. Esses jogos podem ser confeccionados pelos próprios alunos ou professores com papel-cartão colorido e desenhos que representem peças artesanais, festas,

---

[49] Márcia Solange Volkmer, "O lúdico e o patrimônio: uma proposta pedagógica", em Saul Eduardo S. Milder, *Educação patrimonial: perspectivas* (Santa Maria: UFSAM – Laboratório de Estudos e Pesquisas Arqueológicas, 2005), pp. 25-46.

obras de arte, monumentos, trechos de cantigas, entre outras possibilidades.

A utilização de caça-palavras também pode quebrar a monotonia das aulas explicativas. Eles podem ser aplicados alterando-se o grau de dificuldade dos exercícios entre as turmas. O professor pode orientar a "caçada" de algumas cidades históricas brasileiras ou parques nacionais. No caça-palavras abaixo, enumeramos alguns sítios naturais brasileiros e conjuntos urbanos ou artísticos reconhecidos por sua excepcionalidade, tais como: Foz do Iguaçu, Fernando de Noronha, Parque das Emas, Serra da Capivara, Mata Atlântica, Brasília, Matosinhos, Olinda, Ouro Preto e Pelourinho.

Exercício lúdico 2: Um caça-palavras voltado aos centros históricos e aos parques nacionais

S	D	A	M	C	G	D	G	F	M	P	A
E	V	I	A	R	J	T	O	L	M	E	H
R	P	B	T	B	U	L	X	U	U	L	N
R	A	N	O	X	I	N	G	U	R	O	O
A	R	Z	S	O	L	I	N	D	A	U	R
D	Q	S	I	U	C	G	P	A	L	R	O
A	U	T	N	R	N	F	I	D	S	I	N
C	E	O	H	O	B	A	H	I	L	N	E
A	D	B	O	P	R	E	T	O	S	H	D
P	A	A	S	P	N	I	H	O	E	O	O
I	S	B	R	A	S	I	L	I	A	K	D
V	E	G	H	M	N	L	B	H	I	A	N
A	M	T	W	Y	B	M	A	T	A	S	A
R	A	T	L	A	N	T	I	C	A	S	N
A	S	A	P	F	G	A	A	V	T	N	R
X	U	Ç	A	U	G	I	E	D	Z	O	E
X	P	T	O	Q	S	L	A	W	B	K	F

A mostra de produções cinematográficas ou de documentários que se debruçam sobre as questões da memória, da identidade e dos bens culturais, e que não negligenciam os saques do patrimônio subaquático, os furtos de obras de arte, a violação de patrimônios arqueológicos, a destruição do patrimônio natural e artístico, se ajustam à tentativa de suscitar o discernimento crítico dos jovens e adolescentes. Nesse caso, a sistematização de informações auxilia consideravelmente o desenvolvimento da discussão e o debate relativo aos filmes ou documentários exibidos para os alunos.

A realização de uma análise crítica do filme ou do documentário exige do espectador alguns conhecimentos indispensáveis para a interpretação de sua constituição visual, de seu enredo, enfim, do teor crítico que apresenta. Para tanto, propomos a abordagem do filme *Narradores de Javé*[50], uma produção nacional que constrói uma narrativa crítica em relação à construção das interpretações históricas, à memória e ao patrimônio.

Antes, porém, salientamos que o educador precisa estar atento às características estilísticas do enredo e da narrativa fílmica: observar a música, a montagem, a movimentação das câmeras e a seleção de tomadas. Esses recursos técnicos o auxiliarão a perceber as convenções estéticas e sociais comuns ao período histórico tratado e a detectar as intenções do diretor, do roteirista e até do produtor.

Narradores de Javé pode provocar o arrolamento de questões relevantes sobre a percepção das memórias coletivas e individuais, porque evidencia como a seletividade das memórias corrobora para a identificação dos bens considerados dignos de preservação. Mas, novamente, lembramos que a análise do filme deve levar em conta as suas especificidades.

Se considerarmos que as imagens cinematográficas configuram-se como produções mentais estimuladas por fatos reais ou ficcionais, certamente reconheceremos a necessidade de adoção de um procedimento analítico cujo intuito será o de processar uma crítica externa do documento que visa reconhecer a cronologia da produ-

---

[50] Direção de arte e edição de Carla Caffé e Daniel Rezende, 2003.

ção do filme (período de produção e lançamento) e, posteriormente, desenvolver uma crítica interna mediante a análise do conteúdo explícito e implícito do filme. Mas não podemos esquecer que o filme, como produto da criação artística, não tem compromisso com a "realidade", devendo ser tomado apenas como uma das fontes do trabalho historiográfico ou como um instrumento de ensino e aprendizagem que necessita ser analisado e complementado com informações adicionais.

A compreensão dos temas implícitos nos diálogos, as representações presentes no vestuário, nos gestos dos atores e no enredo podem oferecer elementos esclarecedores acerca das intenções dos produtores, formulação de ideias e opção estética dos criadores. Além disso, a descoberta de elementos inconscientes voltados para o individual ou para o coletivo (social) pode propiciar indicativos sobre o sentido geral do filme. Em síntese, ao historicizarmos os elementos estéticos e as características do gênero cinematográfico abordado, nós estaremos procedendo a uma comparação entre o conteúdo do filme e o conhecimento científico, adotando um procedimento que possibilita a transformação do filme numa fonte para a pesquisa ou o ensino[51].

A análise fílmica combina diferentes graus de categorias vinculadas ao elemento visual e auditivo. Esse tipo de abordagem implica a apreciação da fotografia do filme, ou das imagens, ou dos textos (legendas, placas ou cartazes) que compõem as cenas e sugerem as ambientações. O trato da categoria auditiva pressupõe a observação das falas dos personagens (diálogos), da trilha sonora e dos ruídos selecionados ou pretensamente produzidos como se fossem naturais, como destacam os historiadores Ciro Flamarion Cardoso e Ana Maria Mauad[52] e Alexandre Busko Valim, na tese de doutoramento *Imagens vigiadas*: uma história social do cinema no alvorecer da Guerra Fria, 1945-1954[53].

---

[51] Sandra Pelegrini, "História e imagem: ficção teatral e linguagem cinematográfica", cit.
[52] Ciro Flamarion Cardoso e Ana Maria Mauad, "História e imagem: os exemplos da fotografia e do cinema", em *Domínios da história: ensaios de teoria e metodologia* (Rio de Janeiro: Campus, 1997), p. 413.
[53] Universidade Federal Fluminense, 2006.

A percepção da operação audiovisual, embora mobilize núcleos emocionais que extrapolam o âmbito puramente racional, pressupõe também a descoberta das técnicas desenvolvidas com o intuito de despertar distintos sentimentos no telespectador. Nessa direção, talvez um dos primeiros indicativos a serem detectados na composição da linguagem fílmica seja a da tomada da imagem, uma vez que esta constitui a unidade principal do filme. Justamente a sucessão de tomadas torna-se responsável pela definição da forma e do conteúdo das mensagens captadas e transmitidas através das lentes da câmera. A tomada acompanha os movimentos da cena ou da câmera, distinguindo-se uma tomada de outra a partir da substituição do interesse visual que o diretor pretende tornar evidente. Consequentemente, em todas as cenas são privilegiados determinados ângulos e planos que tendem a destacar o que ele deseja enfocar de modo a chamar a atenção do espectador.

Todos os movimentos da câmera e as ações dos personagens nunca se sucedem espontaneamente, sempre atendem a uma motivação do enredo. O enquadramento e a iluminação colocam em foco as partes densas das imagens, reunindo o que deverá ser mostrado e excluindo as demais nas áreas mais iluminadas (processos semelhantes podem ser constatados nas artes plásticas e na fotografia). As imagens descartadas inserem-se na obscuridade, ou seja, entre os intervalos decorrentes da seleção das cenas e montagem das sequências[54]. Evidentemente, a tomada adquire importância preponderante e de realce daquilo que interessa ao diretor destacar, conduzindo o espectador a entender o conteúdo das tramas da história.

Os planos de câmera, somados aos efeitos e cortes planejados, constituem uma linguagem dinâmica e determinam a força comunicativa do filme. Os plano geral absoluto (PGA), plano geral (PG), plano médio (PM) ou plano de conjunto, plano americano (PA), primeiro plano (PP), grande plano (GP) e detalhe são alguns tipos de tomadas que podem ser utilizadas na composição da cena ou da

---

[54] Milton José de Almeida, *Cinema: arte da memória* (São Paulo: Autores Associados, 1999), pp. 37-38.

imagem. As tomadas de planos podem apresentar certa variação quando o diretor (ou roteirista) pretende captar imagens de pessoas, focalizando o corpo inteiro ou partes dele. A utilização de cada uma dessas posições da câmera pressupõe a intenção de evidenciar determinados enfoques na imagem. Algumas tomadas podem ser realizadas por meio do movimento da própria câmera, como a panorâmica vertical e a horizontal (PAN), o pêndulo ou o arco. Cada um desses planos implica resultados específicos[55].

Dentre eles, os mais comumente utilizados nos primeiros filmes eram o primeiro plano e o grande plano, talvez pelo fato de que ambos viabilizavam com mais facilidade o contato entre comunicadores e comunicados. Mas, em especial, porque, em termos técnicos, a mensagem tendia a ganhar mais força psicológica, aproximando o espectador do clima experimentado pelos atores, fazendo-o viver as tramas da mensagem mais intensamente, transmitidas pelos planos fechados. O primeiro plano procura desencadear uma maior aproximação entre o telespectador e o comunicador, estabelecendo um impacto visual dramático cujo objetivo é evidenciar os propósitos ou os pensamentos do personagem que está sob esse enquadramento. Nesse sentido, o primeiro plano acaba sendo considerado um dos trunfos não apenas da linguagem cinematográfica, mas, especialmente, da narrativa confeccionada para a televisão. O grande plano aprofunda essa aproximação entre o público e os comunicadores, pois preenche toda a tela com o rosto do personagem, procurando colocar em evidência uma "visão interior", captando e transmitindo as emoções.

Algumas tomadas são mais usadas do que outras; contudo, todas carregam consigo uma dada singularidade. Quando é acionado o plano geral absoluto (PGA), normalmente processa-se uma visão mais ampla do ambiente no qual irá se desenvolver a mensagem. Essa tomada permite uma visão geral do conjunto, possibilitando ao espectador o contato com elementos que tendem a contextualizar

---

[55] Sandra Pelegrini, "História e imagem: ficção teatral e linguagem cinematográfica", cit.

as cenas mostradas em plano fechado e enfatizando o todo do ambiente. A utilização, por exemplo, do plano americano visa destacar o personagem principal. Enfocando-o da cintura para cima, a imagem procura mostrá-lo mais intimamente.

Além disso, a mensagem pode ser contada mediante tomadas fechadas ou abertas, demoradas ou não, de acordo com a opção do diretor, podendo, ainda, ser transmitida pelo próprio movimento da câmera. Nesse caso, podemos notar a introdução de efeitos eletrônicos, como escurecimentos, superposições, desfocamentos, entre outros[56].

A título de exemplificação, sugere-se ao educador a exibição do já referido *Narradores de Javé*. Para isso demonstramos um exercício que poderá ser útil no primeiro contato com esse filme. As informações abaixo deverão ser apresentadas previamente para as turmas.

Exercício lúdico 3: *Narradores de Javé* **sob a ótica da construção da memória social**

Título	*Narradores de Javé*
Veículo	DVD ou videocassete
Gênero e tempo de duração	Drama - 100 minutos
Narrativa fílmica	Utilização de planos abertos (como o plano geral absoluto), planos médios e planos americanos. Os planos fechados são recorrentes, pois visam aproximar o espectador do drama vivido pelos personagens.
Data	Lançamento no Brasil em 2003
Roteiro	Luiz Alberto de Abreu e Eliane Caffé
Produção	Vânia Catani

---

[56] Sandra Pelegrini e Thiago Pelegrini, "O cinema na produção historiográfica: um destaque à análise da narrativa fílmica", capítulo do livro *Introdução ao estudo de história. Formação de professores. Ensino à distância n° 27* (Maringá: Eduem, 2005).

Estúdio	Bananeira Filmes / Gullane Filmes / Laterit Productions
Distribuição	Riofilme
Direção	Eliane Caffé
Música	DJ Dolores e Orquestra Santa Massa
Fotografia	Hugo Kovensky
Direção de arte e edição	Carla Caffé e Daniel Rezende
Elenco principal	José Dumont, Matheus Nachtergae, Gero Camilo, Nélson Dantas;,Rui Resende,Nelson Xavier, Luci Pereira, Jorge Humberto e Santos
Acervo	Videolocadoras ou núcleos regionais de educação
Conteúdo	A notícia de que o vilarejo de Javé poderá desaparecer sob as águas de uma enorme usina hidrelétrica provoca uma mobilização entre os moradores cujo intuito é narrar e registrar os grandes acontecimentos heroicos da cidade tendo em vista a produzir um documento, em última instância, capaz de intervir nesse processo e impedir a submersão. Contudo, como a maior parte dos habitantes é analfabeta, o primeiro impasse a ser enfrentado se circunscreve a encontrar alguém que possa registrar as histórias. • Destaque ao analfabetismo. • Importância da oralidade e das tradições populares.
Palavras-chave	Bens culturais, oralidade, cidadania; problemas brasileiros

Objetivo geral da aula	Aprofundar a temática do patrimônio histórico e sutilmente propor indagações que possam instigar os alunos a produzir uma reflexão crítica sobre o assunto tratado no filme. Destacar a questão da produção da memória (individual e coletiva).
Suporte necessário	Aparelho de TV, DVD ou videocassete, multimídia

Convém salientarmos que a organização e a utilização dos materiais sugeridos necessitam levar em consideração os princípios éticos e os cuidados legais quanto ao seu uso na sala de aula, tais como a explicitação dos autores ou responsáveis pela produção dos audiovisuais, das matérias jornalísticas e demais fontes referentes ao patrimônio abordado. Os acervos onde essas fontes foram localizadas e como foi operacionalizado o acesso ao seu conteúdo devem ser citados, entre outras informações elucidativas mais gerais.

Dos planos de aula aos projetos mais ambiciosos

O planejamento das atividades cuja pretensão se circunscreveu à perspectiva de introduzir a temática do patrimônio, dependendo do entusiasmo dos indivíduos envolvidos, pode transformar-se num projeto mais amplo que congregue os estudantes e a comunidade onde se inserem. O envolvimento dos estudantes do ensino médio na formulação de inventários de bens móveis e imóveis, tangíveis e intangíveis, pode culminar na criação de "livros de registros" informais do patrimônio local com base nas referências comunitárias reconhecidas pela população residente.

Esses "inventários", para o bom êxito da proposta em questão, precisam ser respaldados por anotações sistemáticas capazes de informar: a) sobre a natureza dos bens materiais ou imateriais; b) a respeito de descrições dos monumentos, obras de arte, conjuntos arquitetônicos, festas, ofícios, gestuais, sistemas culinários, celebrações ou rituais (entre outros bens) acompanhadas de desenhos ou fotografias; c) os vínculos históricos dos bens e seus laços com a comunidade e o logradouro onde foram localizados.

Com o objetivo de explanar melhor o trato dos bens artísticos nacionais, optamos por uma breve abordagem acerca dos murais de Candido Portinari (1903-1962). Nessa linha de argumentação, lembramos que esse artista plástico foi convidado pelo governo Vargas para confeccionar vários murais para prédios públicos. Entre 1936 e 1938, o edifício que abrigava o Ministério da Educação e Saúde, sob o comando de Gustavo Capanema, foi brindado com uma obra cujo tema se ocupou dos ciclos econômicos do Brasil. Cada um dos murais da coleção do Palácio Gustavo Capanema possui dimensões que variam em torno de 280 x 300 cm.

Os temas sociais estavam presentes nessa fase da obra de Portinari, por essa razão, e embora os murais tematizassem os ciclos econômicos, evidenciavam a figura dos trabalhadores e a exploração de negros e indígenas.

Atividade 6 – A redescoberta do patrimônio artístico local

Tipologia	Patrimônio artístico
Artista	Candido Portinari
Local	Palácio Gustavo Capanema - Rio de Janeiro
Suporte	Murais
Dimensões	280 x 300 cm (cada um)
Tema	Ciclos econômicos do Brasil
Técnica	Afresco

Descrição	Essa coleção foi composta entre 1936 e 1938, sob a encomenda do ministro Capanema, durante o governo Vargas. Os murais tematizaram os ciclos econômicos: o pau-brasil, a cana-de-açúcar, o gado, o ouro, o fumo, o algodão, a erva-mate, o café, o cacau, o ouro, a carnaúba e a borracha.
Palavras-chave	Obra de arte, monumento, bens materiais, patrimônio artístico
Objetivo geral da aula	Aprofundar a temática do patrimônio histórico, articulado à arte e à memória social. • Salientar as articulações entre a cultura material e a sociedade. • Destacar a relação entre os ciclos econômicos e a exploração do trabalho dos indígenas e negros.

Atividade similar pode ser trabalhada com os alunos do ensino fundamental, médio e profissionalizante visando ao reconhecimento das obras expostas no espaço público e de trabalhos dos artistas locais que se ocuparam de temas relacionados aos espaços da cidade, seu cotidiano e sua gente.

Para o trato dos bens imateriais, ou seja, das expressões, dos costumes, dos rituais, das festas, dos saberes medicinais e culinários, do desenvolvimento de ofícios e dos fazeres artesanais, será necessária a realização de registros detalhados sobre as motivações das celebrações "religiosas" ou "profanas" – paramentos, temporalidades e costumes. Questionamentos a respeito dos modos de preparar determinadas beberagens ou receitas culinárias, a observação dos ofícios tradicionais e as habilidades de seus executores também carecem de identificação e registro. Vamos tomar como exemplos os bens culturais imateriais referentes aos rituais da Festa do Círio de Nazaré, realizada na cidade de Belém do Pará e uma das receitas da culinária baiana, o acarajé.

Esse tema foi abordado por vasta literatura e encontra-se disponível em sites de produções educativas devotadas à interpretação das festas e do folclore brasileiro acessíveis nos núcleos regionais de ensino.

Atividade 7 – Os bens culturais imateriais da Festa do Círio de Nazaré, na cidade de Belém do Pará

Tipologia	Patrimônio cultural imaterial, bens imateriais
Definição	Festa do Círio de Nazaré, surgida em Portugal no século XVIII, realizada na região Norte do Brasil, na cidade de Belém do Pará, desde os tempos da Colônia (1793) e que permanece como um evento vigoroso até os dias atuais.
Data	Realizada no segundo domingo do mês de outubro desde 1901.
Descrição	Festividade religiosa que evidencia faces do sincronismo no Brasil, que envolve rituais católicos (como a procissão em homenagem à Nossa Senhora de Nazaré), rituais profanos, como a incorporação da corda que congrega devotos e cumpridores de promessas e, por fim, reúne os participantes em torno do consumo de pratos típicos feitos à base de farinha de mandioca e que se tornou a expressão do momento de confraternização dos devotos. Essa prática chama a atenção de curiosos e turistas que vêm conhecer a festa e provar pratos como o pato no tucupi e o tacacá. Ao anoitecer, a celebração é precedida pelo cortejo de velas (Círio) no translado da imagem de N. S. de Nazaré, da Basílica de Nazaré até a Catedral de Belém. Na manhã do dia seguinte, uma multidão acompanha a berlinda onde a Santa é conduzida de volta à

	Basílica. O ritual relembra o mito do "achado" da imagem que teria ocorrido no século XVIII.
Palavras-chave	Celebração religiosa, sincretismo religioso, tradição popular; patrimônio imaterial
Objetivo geral da aula	Aprofundar a temática do patrimônio imaterial e debater os critérios que elegem festas e celebrações como patrimônios imateriais, embora elas apresentem uma base significativa assentada nos elementos da cultura material.

Seguindo essa linha argumentativa, destacamos outro tipo de patrimônio imaterial: a culinária regional. Os sistemas de alimentação apreendidos como elementos das identidades nacionais, regionais, étnicas e religiosas são reveladores de aspectos culturais e simbólicos da vida social, pouco valorizados[57].

Cabe-nos destacar que o preparo dos alimentos pressupõe o articular entre a natureza e a cultura, entre o particular e o universal, o salgado e o doce. Elizabete Mendonça e Maria Dina Nogueira Pinto enfatizam que a farinha de mandioca e o acarajé apresentam essa característica basal, ou seja, a mistura. Ao misturarmos os alimentos, estamos relacionando também distintas tradições culturais que integram a vida social brasileira. Trata-se de um quitute servido na rua (no domínio público) e que remete a "um universo de representações simbólicas que se manifesta nas modinhas e canções populares"[58].

Nesse caso, optamos pela observação do prato típico baiano: o acarajé – uma comida que tem sua imagem associada à Bahia e cujo mito de origem é uma autoridade sagrada africana (os deuses).

---

[57] Carlos Walter Porto Gonçalves, *Os descaminhos do meio ambiente* (São Paulo: Contexto, 2001).
[58] Elizabete Mendonça e Maria Dina Nogueira Pinto, "Sistema culinário e patrimônios culturais: variações sobre o mesmo tema", em José Reginaldo Santos, *Alimentação e cultura popular* (Rio de Janeiro: Funarte/CNFCP, 2002), p. 43.

Atividade 8 – O patrimônio imaterial e os segredos da culinária brasileira

Tipologia	Sistemas culinários regionais
Produto	Acarajé
Origem	Africana
Descrição	Bolinho preparado à base de feijão fradinho, com cebola e alho, frito nas ruas e vendido informalmente.
Ingredientes do prato	Feijão fradinho moído, cebola, alho e adubos especiais, como camarão.
Formas de consumo	Pode ser consumido em sua forma básica nos rituais religiosos do candomblé ou no cotidiano, incrementado com outros ingredientes (como o camarão), ou ser acompanhado de outros pratos (como vatapá, caruru, salada, entre outros). Prato servido nas ruas, geralmente, ao final da tarde. O acarajé comercializado pela população baiana se torna importante fonte de renda, pois se encontra presente nas festas de largo e no dia a dia da cidade de Salvador. Prato associado a uma dada identidade cultural.
Palavras-chave	Pratos típicos, sincretismo religioso, costumes alimentares, tradição popular.
Objetivo geral da aula	Debater a noção de patrimônio imaterial e propor uma reflexão sobre os significados das comidas típicas do logradouro no qual se insere a escola. Observar se os sistemas culinários em questão representam: • a expressão de saberes e modos de fazer enraizados no cotidiano dos grupos sociais; • papel de destaque na culinária regional.

A organização de um "inventário alimentar" da região onde a escola se situa pode suscitar pesquisas interessantes e evocar o conhecimento de costumes tradicionais referentes aos modos de fazer e de consumir determinados alimentos. Mas é necessário deixarmos claro que a introdução de novos ingredientes ao longo do tempo não constitui um fato desabonador do prato, apenas nos revela mudanças nas referências culturais da população estudada.

Se a atividade for adotada como exercício, convém que o professor arrole os aspectos iniciais a serem investigados, tais como: nome do prato, suas origens, sua descrição e formas de consumo. Além da organização desses dados, deverão ser elencados também indicativos de pontos de intersecção entre a produção e o consumo, tanto de comidas típicas como de objetos artesanais (cestos, cuias etc.), que coadunam sua produção.

Se forem encontradas fotografias ou audiovisuais que captaram imagens de pratos prontos, os modos de fazer, habilidades de ofício, cantigas, indumentárias de festas rituais, objetos artesanais, manifestações artísticas, obras de arte, paisagens naturais e culturais, monumentos e demais bens de cal e pedra, enfim de bens relacionados à concepção dos patrimônios imateriais e materiais reconhecidos como tal pela população local, o ideal é que esses dados sejam anexados ao levantamento realizado pelos alunos.

Momentos de celebração na escola e a sensibilização da comunidade

A difusão desses conhecimentos adquiridos pelos alunos e o planejamento de atividades que ofereçam visibilidade aos trabalhos realizados favorecem a aproximação entre a escola e as comunidades locais e, ainda, pode aglutiná-las ao redor de programas ou projetos comuns de preservação de seus bens culturais, da proteção das tradições orais e populares. Dessa maneira, os estudantes e seus familiares se sentirão valorizados por meio dos ofícios artesanais, das receitas culinárias, das beberagens medicinais e dos saberes das comunidades locais e, com certeza, serão motivados a transmitir esses conhecimentos às próximas gerações.

Uma das mais reconhecidas especialistas em educação patrimonial no Brasil, Maria de Lourdes Parreiras Horta, assinala que os propósitos e as estratégias essenciais do trabalho educacional nesse âmbito constituem-se de tentativas de:

> [...] levar as pessoas a perceber, compreender e a se identificar com o drama histórico, social e cultural encapsulado em cada objeto, em cada artefato, em cada expressão cultural que preservamos em nossos museus ou fora deles, como referências para o presente e para o futuro. Imergir no drama do tempo anterior, ouvir as vozes de seus atores [...]. É preciso aprender a ouvir as coisas, a entender suas lições [...].[59]

Essa valorização do patrimônio cultural talvez induza as comunidades a cobrar dos seus representantes políticos ações em prol da preservação de suas tradições ou, pelo menos, o reconhecimento formal delas.

Como procuramos demonstrar, o planejamento das atividades didáticas dedicadas à introdução da temática do patrimônio pode alcançar objetivos mais amplos, como mobilizar os estudantes, os educadores e as comunidades em geral. A retomada de seus valores étnicos ou religiosos estimulará a sua autoestima, além do respeito à diversidade natural e à pluralidade cultural.

Em síntese, buscamos inicialmente propor projetos de desenvolvimento e habilitação dos professores por meio de leituras direcionadas e sistematizadas, mas desenvolvidas de acordo com sua disponibilidade de tempo e capacidade de assimilação de novos desafios. Depois, sugerimos métodos de acesso, organização e utilização, tanto do corpo documental levantado como das referências

---

[59] Maria L. P. Horta, "Lições das coisas: o enigma e o desafio da educação patrimonial", *Revista do Patrimônio Histórico e Artístico Nacional*, Brasília, Iphan, n° 31, 2004.

bibliográficas perfilhadas, em consonância com as problemáticas a serem abordadas e os objetivos a serem alcançados no decorrer do desenvolvimento das atividades programadas. A seguir, passamos a abordar alguns exemplos da incorporação da educação patrimonial nos currículos escolares do Chile e de Cuba, bem como experiências realizadas, nesse campo, no Brasil.

A educação patrimonial: um desafio para os latino-americanos e caribenhos

Em alguns países da América Latina e do Caribe iniciativas sistemáticas no âmbito da educação patrimonial vêm sendo articuladas desde a década de 1990, mas, não raro, permanecem circunscritas aos espaços dos museus e dos centros culturais. Nesse sentido, torna-se pertinente a observação de algumas experiências pontuais no âmbito da educação patrimonial, por meio das quais foram difundidas medidas capazes de aquilatar o patrimônio e o despertar para salvaguarda dos bens culturais. Para tanto, passamos a tratar de algumas particularidades de programas de educação patrimonial desenvolvidos no Brasil, no Chile e em Cuba – países que apresentam certas semelhanças no enfrentamento dessa problemática.

Trajetórias da educação patrimonial no Brasil

No Brasil, as propostas na área do patrimônio foram contempladas na Constituição da República, promulgada em 1934, que se ocupou da matéria ao explicitar o dever de o Estado proteger os bens naturais e culturais, declarando, inclusive, o impedimento à evasão de obras de arte do território nacional – destacou a historiadora Zélia Lopes da Silva. Essa Carta Constitucional aprovou também o regulamento do Museu Histórico Nacional que, entre outras atividades, integrou um serviço de proteção aos monumentos históricos e obras de arte vinculados às cidades históricas mineiras.

Essas disposições, ratificadas na Constituição de 1937, tornaram-se decisivas no que tange às questões de defesa do patrimônio brasileiro, na medida em que submeteram o instituto da propriedade ao interesse coletivo. Tal entendimento viabilizou, sob os auspícios do ministro Gustavo Capanema, responsável pela pasta da Educação e Saúde Pública, os primeiros processos de tombamento no país, instituídos por meio do Decreto-Lei nº 25/1937 – o principal instrumento jurídico utilizado pelo então Serviço de Patrimônio Histórico e Artístico Nacional, organismo que mais tarde seria denominado Iphan, como abordam Pedro Paulo Funari e Sandra Pelegrini[60].

Se na década de 1940 disseminavam-se iniciativas isoladas de educação na área do patrimônio, em 1967 o Ministério da Educação tomou para si a competência do magistério no âmbito da cultura, do patrimônio histórico, arqueológico, científico e artístico (Decreto-Lei nº 200, de 25/2/1967). Naquele ano, o referido decreto ocupava-se também dos desportos. Cerca de trinta anos depois, esse ministério uniu-se à pasta da Cultura e retomou as propostas de educação ambiental e histórica nas áreas de preservação no Brasil.

Nos centros históricos tombados pelo Instituto do Patrimônio Histórico e Artístico Nacional (Iphan), como São Luís (Maranhão), Ouro Preto (Minas Gerais) e Olinda (Pernambuco), foram desenvolvidas atividades extracurriculares e interdisciplinares que visaram ao reconhecimento de referências culturais no âmbito regional e nacional. O problema é que essas empreitadas frequentemente ocorreram de forma segmentada e descontínua. Sem dúvida, os esforços dispensados nos projetos desenvolvidos pelo Museu Imperial de Rio de Janeiro (desde 1983), pela Quarta Colônia e São Miguel das Missões (Rio Grande do Sul), na Fazenda de Capão Alto (Paraná), entre as décadas de 1980 e 1990[61], merecem ser reverenciados.

Não obstante, as questões da educação patrimonial não foram plenamente sistematizadas nas grades curriculares dos diversos níveis do ensino brasileiro. Enquanto a Lei de Diretrizes e Bases da

---

[60] Pedro Paulo Funari e Sandra Pelegrini, *O patrimônio histórico e cultural*, cit.
[61] André Luis Ramos Soares, *O patrimônio em sala de aula: fragmentos de ações educativas*, cit.

Educação Nacional (20/12/1996) destacou que cabia à educação superior "promover a divulgação de conhecimentos culturais, científicos e técnicos" que constituíssem o "patrimônio da humanidade", o Plano Nacional de Educação (aprovado pela Lei nº 10.172/ 2001), priorizou o ensino fundamental como meio capaz de propiciar uma "formação mínima para o exercício da cidadania e para o usufruto do patrimônio cultural da sociedade moderna"[62].

No entanto, a definição dos Parâmetros Curriculares Nacionais (PCN) para história, desde 1998 já havia reiterado alguns compromissos fundamentais da disciplina com a memória – considerada apta a salvaguardar a consciência histórica e inibir a "amnésia social" que constrangia (e constrange) a constituição das identidades individuais e coletivas. Para Ernesta Zamboni (2003), os PCN sugeriam "uma melhor compreensão da 'realidade dos alunos'", "encarando-a como diversificada, múltipla, conflituosa, complexa e descontínua". Nessa linha, surgiram as referências à inclusão da educação patrimonial nos temas transversais dedicados à pluralidade cultural e ao meio ambiente, integrados à história e à geografia, respectivamente. Essa medida visava, em última instância, estender os conhecimentos adquiridos pelos alunos aos demais membros das comunidades[63].

Em outras palavras, essa disposição indicava a inserção do debate acerca do patrimônio nas salas de aula, abordando-o como fontes documentais que sustentavam a "produção do conhecimento sobre o passado", passíveis de elucidar o sentido dos monumentos e das efemérides celebrados no presente. E recomendava a inclusão de "visitas aos museus, arquivos e áreas preservadas" de modo a favorecer o vislumbre dos vínculos entre as gerações e as "raízes culturais e históricas" formadoras da sociedade humana[64].

As discussões que envolveram as diretrizes curriculares na área de história e a formação de professores para a educação básica, entre

---

[62] Disponível em http://www.planalto.gov.br/ccivil_03/LEIS/LEIS_2001/L10172.htm. Acessado em 15/4/2009.
[63] Parâmetros Curriculares Nacionais – PCN – história, 2005, p. 25.
[64] Ibid, p. 85.

os anos de 1998 e 2000, legitimaram a elaboração de diretrizes devotadas a habilitar o graduado ao exercício profissional capaz de atender às demandas do magistério e da conservação do patrimônio, por meio de "assessorias a entidades públicas e privadas nos setores culturais, artísticos, turísticos etc."[65]. Recentemente, os debates sobre a inclusão de habilidades específicas no âmbito da "gestão de políticas de preservação do patrimônio histórico", na formação em "história das artes" e "organização de documentos" nos currículos de história têm evidenciado uma ação mais sistemática no sentido da assimilação de uma educação patrimonial regular.

Noutra frente, a publicação de *Tesouros do Brasil – valorizando nosso patrimônio*. *Preservando nossa cultura* orientou as práticas didático-pedagógicas e a criação de concursos centrados no inventário de bens imateriais entre as escolas de ensino fundamental. Essa obra, patrocinada pela empresa automobilística Fiat do Brasil, editada em São Paulo e disponibilizada na internet, suscitou o desenvolvimento de atividades mais regulares no campo do patrimônio. Vale recordarmos que o portal de notícias do site do Iphan, em 17/8/2004, divulgou o Concurso Tesouros do Brasil, cujo intuito era instigar os "estudantes do ensino fundamental e médio" a identificar bens patrimoniais e propor formas de preservá-los. O concurso visava a "um mapeamento do patrimônio cultural em todo o Brasil" e previa a premiação de troféus e certificados para os participantes dos quatro melhores projetos e também a doação de R$ 7 mil para a implantação da proposta[66].

A edição de *Os sambas, as rodas, os bumbas, os meus e os bois: a trajetória da salvaguarda dos bens imateriais no Brasil* (2006) constituiu outra valiosa publicação do Departamento de Patrimônio Imaterial (Iphan), apoiada pelo Ministério da Cultura, cujo conteúdo privilegiou um histórico sobre o reconhecimento dos bens imateriais e priorizou a identificação dos bens intangíveis contex-

---

[65] Sandra Pelegrini, "Cultura e natureza: os desafios das práticas preservacionistas na esfera do patrimônio cultural e ambiental", cit.
[66] Iphan, seção Notícias/Concurso Tesouros do Brasil. Disponível em http://portal.iphan.gov.br/portal/montarPaginaInicial.do. Acessado em 15/4/2009.

tualizados mediante as seguintes categorias: saberes, formas de expressão, celebrações e lugares nos livros de registros do patrimônio nacional brasileiro (tal como prevê o Decreto-Lei nº 3.551/2000). Os centros históricos brasileiros também têm promovido atividades que incluem programas de educação patrimonial, serviços em mutirão (coordenados por mestres especializados), oficinas de restauração e de arqueologia com vistas a promover o envolvimento da população nas questões do patrimônio. Para Funari e Pelegrini[67], essas ações estimulam a responsabilidade coletiva, contribuindo para a consolidação de "políticas de inclusão social, de reabilitação e sustentabilidade do patrimônio em nosso país". As oficinas-escola, em particular, além de prepararem mão de obra especializada necessária aos trabalhos de restauração de talhas, pinturas e azulejos, propiciam a difusão de experiências práticas e conhecimentos no campo do restauro e da conservação.

Os bens culturais chilenos e as políticas educacionais (1996-2002)

No Chile, desde 1996, vêm sendo implantados projetos destinados a proteger os bens móveis que possuem valor patrimonial, de modo que "a sua valoração contribua para melhorar a qualidade do processo educativo". Tais empreendimentos tornaram-se possíveis mediante a aprovação da *Ley Orgánica Constitucional de Enseñanza*, promulgada em 10 de março de 1990, segundo a qual a finalidade última da educação devia centrar-se na "identidade nacional" e no desenvolvimento "moral", "intelectual", "artístico" e "espiritual" dos cidadãos e, ainda, na habilitação dos indivíduos para que se tornassem capacitados a "conviver e participar de forma responsável e ativa na comunidade".

---

[67] Pedro Paulo Funari e Sandra Pelegrini, *O patrimônio histórico e cultural*, cit., pp. 55-56.

No decorrer dessa última década, apesar dos traumas causados pelo governo ditatorial chileno, foram desenvolvidos gradualmente programas de melhoramento da educação pré-escolar, básica e média, e, ainda, implementado o Estatuto Docente. A partir de 1996, essas transformações atingiram maior complexidade por meio da Reforma Educacional, considerada um marco na educação básica do país, uma vez que outorgou maior "liberdade" de criação de programas e currículos aos estabelecimentos educacionais. Essa reforma, aprovada com o objetivo de "modernizar" o ensino e de atualizá-lo em relação aos enfoques internacionais, assentou-se na integração dos conhecimentos referentes à realidade dos alunos, práticas adotadas também no Brasil e em Cuba. No caso chileno, essa postura evidenciou a necessidade de reconhecimento de identidades plurais e de promoção de experiências participativas dos alunos em atividades relacionadas ao seu entorno, ao meio ambiente e ao patrimônio cultural[68].

Os projetos do Ministério de Educação do Chile determinavam os objetivos e conteúdos, mas resguardavam certa "liberdade" de elaboração de planos e programas aos diversos colégios. Essa abertura, por um lado, tendeu a facilitar a aplicação de currículos articulados à realidade geográfica e cultural de distintos grupos sociais e etnias, mas, por outro, tornou os currículos "reféns" das concepções culturais dos professores.

Apesar disso, a temática da educação patrimonial recebeu destaque entre os temas transversais, cujo interesse centrou-se na valorização da identidade nacional e do patrimônio cultural, sendo incorporada de maneira mais completa no primeiro e no segundo nível do ensino básico, nos quais foi aparentemente sublimado o respeito à diversidade dos grupos sociais, étnicos e culturais existentes no país, não raro, formados no decorrer do governo ditatorial chileno.

Dessa forma, as atividades educacionais tenderam a recomendar cuidados com o meio ambiente, a exploração das cercanias próximas às escolas e a valorização das identidades e dos conhe-

---

[68] "Informe del Ministerio de Educación", *Boletín Mecesup*, Ministério de Educação do Chile – Mineduc, Santiago, Chile, noviembre/2002, n° 2.

cimentos dos antepassados. Havia, conforme Rosário Mena[69], o propósito de fomentar atividades que levassem as crianças a aprenderem a conhecer a si mesmas e que consolidassem processos identitários nas suas comunidades de origem e aquilatassem devidamente os entornos naturais.

A aprendizagem dos tópicos programáticos (relacionados ao meio natural, social e cultural) partia da perspectiva de que os conhecimentos empíricos deviam estimular a educação infantil e levar os alunos a se reconhecer como parte integrante de uma família, comunidade ou cultura e a redescobrir o seu entorno. As atividades no âmbito da educação artística fomentavam a observação dos objetos de valor patrimonial, do ponto de vista estético, cultural e social, por meio de visitas a instituições culturais, teatros e museus; da realização de entrevistas com vizinhos e familiares acerca de ofícios antigos e órgãos comunitários; da coleta de artefatos de valor para a comunidade ou a família dos alunos. O estímulo para as crianças levarem ao universo escolar testemunhos do passado, como jogos, fotos, vestimentas, utensílios, cartas, ferramentas, fósseis ou recortes de jornais antigos (e a posterior organização de exposições com tais objetos) buscava suscitar o interesse dos estudantes e a troca de experiências com outros membros da comunidade.

No terceiro e no quarto nível do ensino básico, o objetivo principal da educação artística voltava-se para a valorização do patrimônio cultural e das produções artísticas como testemunhos da história e da cultura. Do mesmo modo, o ensino na área de ciências sociais promovia a apreensão da sociedade a partir do enfoque da história individual e coletiva, das etapas do desenvolvimento de produção e dos processos culturais. No quinto e no sexto nível do ensino básico abordava-se, respectivamente, o período da conquista da América e os tempos coloniais, o encontro entre as culturas americanas e europeia e, por fim, o desenvolvimento político e econômico do Chile[70].

[69] Rosário Mena, "El patrimonio cultural en la educación chilena: despertar a la identidad", mar./2003, periódico *Nuestro – Notas y Reportajes*, p. 4. Também disponível em http://www.nuestro.cl. Acessado em 15/4/2009.
[70] "Informe del Ministerio de Educación", em *Boletín Mecesup*, Ministério de Educação do Chile – Mineduc, cit, p. 2.

Os programas dos sétimo e oitavo níveis, no entanto, ignoravam a temática patrimonial, que acabava sendo retomada no segundo ciclo do ensino médio por meio da consideração de traços da identidade nacional, abordados no âmbito da história chilena e sua configuração sociocultural. Desse modo, o ensino enveredava pelas relações entre os espanhóis e os indígenas, a mestiçagem, a evangelização, o sincretismo cultural e religioso e as consequências do progresso. Mas a educação patrimonial retomada no ensino médio, também por meio das disciplinas vinculadas às artes visuais e à música, segundo o depoimento do diretor do Arquivo de Música Tradicional da Universidade do Chile, Rodrigo Torres, publicado no artigo de Rosário Mena[71], tendia a valorizar apenas as manifestações folclóricas e as identidades da produção artística e da música tradicional.

Na sequência das reformas de 1996, foram adotados, no ano 2000, programas de educação patrimonial por meio da Corporación del Patrimonio Cultural – órgão vinculado ao Estado chileno. Três anos depois, os frutos desse trabalho resultaram no lançamento do Programa del Patrimonio Educacional, voltado a conhecer o patrimônio e com ele compreender a história numa perspectiva mais ampla, qual seja "assumindo o presente, visualizando o futuro e reconhecendo o patrimônio como referente de identidade"[72].

Conjugada a essa prática, a publicação do livro *El baúl de mis tesoros* (de Beatriz García Huidobro) aperfeiçoou a aprendizagem no campo patrimonial. Com uma linguagem fácil e divertida, os alunos do terceiro e quarto níveis do ensino básico foram estimulados a incorporar o tema no seu cotidiano. O patrocínio da Comissão Nacional de Cooperação da Unesco, do Ministério de Educação de Chile, da Fundação Andes e da Compañía Manufacturera de Papeles y Cartones, viabilizou uma ampla distribuição do livro nas várias regiões do país.

---

[71] Ibid.
[72] Programa del Patrimonio Educacional, Consejo de Monumentos Nacionales de Chile, 2002. Disponível em http://www.monumentos.cl/educacion.htm. Acessado em 15/4/2009.

A implantação dos Projetos Pilotos na Escola constituiu outra iniciativa salutar, pois se ocupou da organização de oficinas sobre o patrimônio cultural, direcionadas à formação de educadores, convidados a multiplicar sua aprendizagem com seus alunos. Assim, por meio de políticas de ação coordenada, crianças e adultos foram envolvidos num trabalho conjunto em torno da descoberta da riqueza do patrimônio imaterial: mitos, lendas, patrimônio culinário, tradições, jogos e medicina tradicionais[73].

Mas, como ponderou Beatriz González[74], coordenadora da Área de Educação Rural do Ministério da Educação de Chile, em 2003, as informações do Consejo de Monumentos Nacionales de Chile merecem ser relativizadas, pois a carência de metodologias adequadas para esse fim dificultou o desenvolvimento de um trabalho mais regular nas escolas do interior do país.

A política patrimonial em Cuba

Cuba adotou uma política patrimonial que tem priorizado a escola primária, considerada o embrião da formação do indivíduo, *locus* a partir do qual se inicia a sistematização básica do exercício da cidadania. A despeito da ação predatória dos colonizadores espanhóis e da destruição do patrimônio do período pré-colonial e dos incêndios deflagrados no decorrer das lutas pela independência no século XIX, os estudiosos José Ignacio Reyes, Frank Arteaga e Angel F. Jevey Vázquez assinalam que a escola primária cubana vem protagonizando ações que visam aproveitar as potencialidades do patrimônio cultural desse país. Para tanto, os laços entre as escolas e as instituições encarregadas de preservar os valores patrimoniais têm se estreitado. Essa integração, na opinião dos referidos pedagogos, vem alcançando resultados positivos na formação da cidadania[75].

---

[73] Ibid.
[74] Rosário Mena, "El patrimonio cultural en la educación chilena: despertar a la identidad". cit., p. 1.
[75] Ibid., p. 2.

Os especialistas cubanos, ao fundamentarem os princípios da escola primária na educação integral dos cidadãos desde a mais tenra idade, desenvolveram currículos que primam pela abordagem da história universal, nacional e local. Assim como no Chile, os programas educacionais em Cuba, desde os anos finais do século XX, vêm abordando as riquezas patrimoniais que se encontram nos entornos das escolas, nos bairros, em regiões ou comarcas, uma vez que esses bens são interpretados como parte integrante do devir histórico social das gerações passadas e futuras.

Sob a ótica de Arteaga[76], os currículos escolares tomam os lugares históricos como referenciais para a educação básica, que abordam não somente os monumentos épicos e os registros iconográficos de personalidades políticas, mas também outros elementos depositários do conhecimento sobre uma dada época, como, por exemplo, signos do comportamento cultural, político, social e econômico, próprios de cada região. Portanto, os programas voltados às séries iniciais incluem discussões acerca das acepções dos patrimônios culturais e naturais, tomados como bens que constituem a "expressão" ou o "testemunho" da criação humana e da transformação da natureza.

Entre o conjunto de bens patrimoniais reconhecidos, destacam-se os relacionados à arqueologia, à literatura, à arte, à ciência, à história e à cultura em geral, além dos relativos ao desenvolvimento de técnicas, de costumes, de ideais de "nacionalidade ou de independência". Mas vale salientar, como bem o lembra M. Arjona[77], que as tradições populares urbanas e rurais e os testemunhos sobressalentes do presente configuram evidências da cultura nacional, valorizadas como parte do patrimônio cubano. Todavia, Díaz[78] assinala que a abordagem sobre o patrimônio nacional permanece centrada em dois grandes enfoques: a do patrimônio cultural e a do patrimônio natural. Igualmente, os museus e as demais instituições que visam à proteção dos bens culturais continuam sendo

---

[76] Frank Arteaga et al., "La enseñanza de los valores patrimoniales en la escuela primaria en Cuba", 2003, cit., p. 4.
[77] M. Arjona, *Patrimonio cultural e identidad* (Habana: Letras Cubanas, 1986).
[78] H. Díaz, *Aprendiendo historia en el museo*, cit.

abordados como espaços próprios ao ensino e à aprendizagem das crianças, dos jovens e dos adolescentes.

A despeito disso, as experiências efetuadas nas escolas de ensino fundamental têm demonstrado a pertinência da extensão do trabalho educativo com as crianças e os adolescentes, que as multiplicam nas suas respectivas comunidades. O respeito à "memória", segundo José Ignacio Reyes González, consiste numa faculdade primordial para conservar o patrimônio e preservar "os acontecimentos, os fenômenos, os sentimentos, os ideais, as normas, os costumes e os valores autóctones genuínos que caracterizam uma nação e transladá-los ao plano da consciência histórica"[79].

O fortalecimento das ações integradas entre as escolas e as instituições responsáveis pelo amparo ao patrimônio tem beneficiado a preservação da cultura cubana em várias dimensões. Entre os principais meios didáticos e pedagógicos utilizados nesses programas destacam-se não só a inclusão do tema nos currículos, como também atividades práticas de aprendizagem que instigam a natural curiosidade das crianças, sensibilizando-as a favor da proteção ao patrimônio cultural e natural.

Os conteúdos voltados para a valorização dos bens culturais, como já afirmamos, foram inseridos nos dois ciclos do ensino fundamental, por meio dos programas das disciplinas de língua espanhola, história, geografia, ciências naturais, educação cívica e artística e mediante a organização de atividades extracurriculares nos museus e nos centros históricos. Com a monitoria dos professores, as turmas observaram os artefatos, entrevistaram os funcionários dos museus, participaram de aulas sobre os artefatos expostos e realizaram atividades culturais comunitárias[80].

As visitas das crianças aos monumentos e a outros bens culturais atingem objetivos educativos que tendem a adquirir signifi-

---

[79] J. Ignácio Reyes González, *La historia familiar y comunitaria como vía para el aprendizaje de la historia nacional y de la vinculación del alumno de secundaria básica con su contexto social*, tese de doutoramento (Las Tunas: ISP Pepito Tey), p. 38.
[80] Mined, *Programa y orientaciones metodológicas de história de Cuba en quinto e sexto grado en la escuela primaria*, do Ministério de Educação (Habana: Pueblo e Educación/Mined, 1993).

cativo impacto na formação integral dos alunos, uma vez que eles têm a oportunidade de desenvolver atividades lúdicas e contribuir para a limpeza e a restauração desses locais. Do ponto de vista de Rafaela Chacón Nardi[81], essa interação cria um ambiente propício à compreensão dos fatos históricos, à apropriação dos bens como fruto da cultura coletiva e à percepção das identidades locais ou nacionais. Desempenho semelhante é alcançado por meio de excursões aos centros históricos não circunscritos às imediações das escolas ou dos bairros onde as crianças residem. A criação de concursos de música, artes plásticas e literatura, bem como o envolvimento das escolas em projetos comunitários, devotados às questões do patrimônio no âmbito nacional ou local, configurou outra iniciativa proveitosa, pois tendeu a propiciar mais integração das famílias dos alunos e quiçá de toda a comunidade na educação das crianças. Os resultados dessas atividades potencializaram os conhecimentos acerca do patrimônio, o "desenvolvimento de habilidades investigativas", a "sensibilidade pela conservação, restauração e divulgação dos valores patrimoniais comunitários". Uma das maiores contribuições desse tipo de programa, além da motivação para a aprendizagem, deve-se ao fato de despertar o papel ativo das crianças no processo de preservação dos bens culturais e naturais[82].

No âmbito da arqueologia, a cubana Lourdes Domínguez, em recente ensaio intitulado "Patrimonio en Cuba: el caso de la Habana Vieja", apontou como a consolidação da arqueologia histórica como ciência social beneficiou as investigações e o estudo sistemático do subsolo de Havana Velha, tomado como parte integrante e referencial das estratégias de reabilitação do patrimônio edificado da cidade. Tal procedimento alcançou êxito na medida em que as escavações realizadas nos anos de 1990 se propuseram a descobrir não somente as características da arquitetura religiosa, civil ou militar, mas privilegiaram, por meio da análise dos mais diversos gru-

[81] Rafaela Chacón Nardi, *Con los niños por la Habana Vieja* (Habana: Ed. Gente Nueva, 1998), p. 1.
[82] Mined, *Programa y orientaciones metodológicas de história de Cuba em quinto e sexto grado en la escuela primaria*, cit.

pos de artefatos, a investigação sobre os modos de vida de segmentos sociais radicados naquelas regiões. A incidência de determinados conjuntos de cerâmica, vidros, metais, madeiras, pedras ou ossos em determinadas áreas permitiu, segundo a autora, interpretações sobre os sítios cuja documentação era praticamente inexistente[83].

Em síntese, as experiências de educação patrimonial no Chile e em Cuba se desenvolveram mediante a adoção de propostas mais sistemáticas e regulares do que no Brasil. De todo modo, as implicações da inclusão de novas habilidades na formação de profissionais de história, como, por exemplo, a "Gestão de políticas de preservação do patrimônio histórico" [sugerida, conforme já citamos, no Parecer do Conselho de Educação Superior em 2001 e implantadas em 2002 (CES 492/2001)], certamente está auxiliando a superação da descontinuidade na educação patrimonial brasileira.

Assim, a educação na esfera do patrimônio aos poucos está redimensionando tanto as reflexões acerca do conceito de patrimônio cultural na América Latina e no Caribe como as formas de atuação da escola desses países nessa seara.

A instituição escolar, o patrimônio e a cidadania

Por certo, os esforços do Brasil, do Chile e de Cuba devem ser reconhecidos, pois tentaram inserir a temática dos bens culturais e naturais, tangíveis e intangíveis, nos diversos níveis do ensino (de modo sistemático ou não regular) e investiram em programas de educação patrimonial. Mas sabemos que o direito à memória e o reconhecimento dos valores culturais de determinada comunidade implica o acesso ao conhecimento e o exercício democrático e permanente da cidadania por parte de todos os grupos sociais, ou etnias, minorias étnicas, religiosas, ou sexuais. Nesse contexto, um

---

[83] Lourdes S. Domínguez, "Patrimonio en Cuba: el caso de la Habana Vieja", *Revista Diálogos*, vol. 9, nº 1, Maringá, UEM/DHI/PPH, 2005, pp. 23-31.

dos maiores desafios da educação na esfera patrimonial nesses países continua se inscrevendo no âmbito do estímulo à consciência da proteção, à liberdade de expressão cultural e, principalmente, à garantia de fruição dos bens culturais materiais e imateriais para todos os cidadãos. Por essa razão, atribuímos essencial importância para as estratégias de envolvimento e sensibilização das comunidades locais em relação aos bens acautelados (ou que carecem de reconhecimento, restauração e registro).

A difusão da cultura da preservação exige o contato sistemático dos cidadãos com os bens culturais e naturais, dos estudantes com as atividades relacionadas a essa questão, em particular, com as pesquisas efetuadas por historiadores, arqueólogos, arquitetos, restauradores, geógrafos, ambientalistas, ecologistas e demais especialistas devotados a resguardar o patrimônio. Sem dúvida, a utilização dos bens patrimoniais como fonte documental básica para a estruturação curricular do ensino favorece a transmissão das tradições e dos valores como o respeito às culturas e ao meio ambiente às gerações futuras, como demonstraram algumas das experiências relatadas neste livro.

A despeito dos impasses a serem enfrentados, as temáticas do patrimônio e da identidade devem articular projetos conjuntos entre os Ministérios da Educação e da Cultura, envolver ações complementares entre escolas e instituições de defesa dos bens culturais e naturais mediante atividades transdisciplinares. Aliás, desde a segunda metade do século XX, as recomendações expressas nas cartas patrimoniais da Unesco têm afiançado a fruição, a sustentabilidade e a proteção patrimonial e incentivado as práticas educativas consideradas importantes instrumentos para a inclusão social.

A leitura atenta dessa documentação permite ao educador e demais cidadãos ponderarem sobre as questões do patrimônio e pode sugerir soluções substanciais para os problemas da preservação. Como? A partir da proposta de integração do patrimônio à vida social e às atividades turísticas nacionais e internacionais, ou seja, mediante a implementação de políticas assentadas nos pressupostos da conservação integrada e do desenvolvimento sustentável – definições apontadas no segundo capítulo deste livro.

Os especialistas asseveram que a elaboração de diretrizes para a reabilitação de áreas consideradas de interesse histórico, arqueológico, artístico ou ecológico se consolidará à medida que consiga priorizar a inserção das populações residentes e a sustentabilidade econômica nos programas que, sobretudo, levem em conta a percepção das comunidades acerca do seu próprio patrimônio. Portanto, o alcance das políticas públicas voltadas ao acautelamento depende do estabelecimento de amplos diálogos com a sociedade civil, de modo que a proteção de tais bens atenda aos diversos interesses sociais e contemple as identidades plurais e suas respectivas memórias.

A inclusão da educação patrimonial nos diversos níveis de ensino possibilita a irradiação dessas concepções e, efetivamente, viabiliza a realização dos primeiros passos no sentido do diálogo anteriormente referido, pois o conhecimento adquirido por nossos estudantes se estende às lideranças e aos demais membros da comunidade. As ONGs também são nossas aliadas na luta pela profusão dos valores da salvaguarda no âmbito nacional e internacional.

Retomando o objetivo capital deste livro, ou seja, a abordagem do patrimônio como motivo temático, como fonte e instrumento didático nas turmas dos primeiros ciclos do ensino fundamental e profissionalizante, nas séries do ensino médio, convém lembrarmos que a educação patrimonial, inicialmente, circunscreve-se à (re)descoberta dos bens patrimoniais pelos próprios alunos. No entanto, ela não se reduz a essa perspectiva, mas busca revelar a diversidade e pontuar as mudanças culturais, sociais e ambientais que têm se processado com o passar dos anos.

O ensino nesse campo visa tratar os estudantes e a população como agentes histórico-sociais e como produtores de cultura. Para isso valoriza os artesanatos locais, os costumes tradicionais, as expressões de linguagem regional, a gastronomia, as festas, os modos das diversas etnias viverem e se relacionarem com o meio e com as outras culturas que deram origem à sociedade atual.

As ações alternativas em prol de um novo projeto de desenvolvimento, numa perspectiva que priorize o crescimento ancorado nos pressupostos da sustentabilidade socioambiental estão sendo alvo de debates internacionais.

A questão se tornou premente nas últimas décadas no mundo e no Brasil, em particular, uma vez que a maior parte da população brasileira passou a residir em áreas urbanas no início do século XX – aspecto que agravou a degradação das condições de vida e intensificou os problemas ambientais. Tal constatação evidencia, como sugeriu Enrique Leff[84], que há um desafio essencial a ser encarado: a alteração dos valores e das bases dos conhecimentos fundados na ênfase econômica do desenvolvimento, debatidos por movimentos ambientalistas, pelas proposições da Eco (1992) e o Protocolo de Kyoto (2004) – compromissos internacionalmente firmados com o objetivo de combater a emissão de gases tóxicos na atmosfera, promover maior proteção da camada de ozônio com vistas a evitar o superaquecimento global que vem se intensificando nos últimos vinte anos.

A previsão dos cientistas é de que até o fim do século XXI, o nível da água dos mares aumente e ameace grande número de cidades costeiras; apenas para citar exemplos, assinalamos que algumas poderão perder cerca de 80 metros de areia (como Miami, nos Estados Unidos), outras perderão por volta de 100 metros de areia (como Rio de Janeiro e Recife, no Brasil). Essas informações podem ser inseridas na sala de aula a partir da exibição de matérias jornalísticas impressas ou audiovisuais, veiculadas nos dias 24 e 25 de janeiro de 2007, por todo o país.

O aquecimento global foi e continua sendo destaque de eventos científicos, congressos ecológicos e dos fóruns econômicos mundiais, cujas pautas são noticiadas em jornais, revistas, vídeos e telejornais. Apenas para citar um exemplo, lembramos as manchetes que estampam, nas primeiras páginas, o risco de dezoito praias

---

[84] Enrique Leff, *Ecologia, capital e cultura*: racionalidade ambiental, democracia participativa e desenvolvimento sustentável (Blumenau: Edifurb, 2000), p. 123.

paulistas desaparecerem nos próximos anos se a erosão e o avanço do mar não forem contidos, conforme apontam os estudos do Instituto Geológico de São Paulo, órgão vinculado à Secretaria de Estado do Meio Ambiente, que monitora os 600 quilômetros da costa do Estado. A *Folha de S.Paulo* também publicou as seguintes matérias: "18 praias de SP correm o risco de desaparecer – Erosão ameaça locais como Gonzaguinha e Guaratuba" e "Guarujá planeja tirar quiosques da areia". A chamada para essas notícias aparece em destaque na primeira página do referido jornal em 4/2/2007, e como manchete no caderno Cotidiano, nas páginas C1 e C4, respectivamente.

Entretanto, esse não é um problema isolado. Essa situação depende das posições geográficas e condições geológicas das diversas praias espalhadas pelo planeta (para obter mais informações sobre o estudo realizado pelo Instituto Geológico de São Paulo, basta consultar o endereço eletrônico dessa instituição ou acessar o portal oficial do Governo do Estado de São Paulo). Outra questão premente que envolve os oceanos diz respeito ao fato de que cerca de 50% da população do planeta habita a faixa litorânea (no Brasil essa porcentagem atinge 70%). A "poluição", a "falta de saneamento básico", as "ocupações irregulares" e o "descaso governamental caminham juntos na situação atual dos mares" – afirmam os jornalistas que produzem o documentário Mar sem fim, da TV Cultura. Em decorrência disso, os cientistas entrevistados apontam o esgotamento da produção de peixes – escassez que afeta desde os pescadores e a população caiçara até os empresários desse setor (os grandes armadores).

Além disso, o derretimento de capas de gelo da Groenlândia causado pelo aquecimento das águas, as alterações climáticas, as rupturas na camada de ozônio em torno do globo terrestre são sinais de saturação da natureza e dos abusos cometidos pelas sociedades humanas. Esses dados foram fornecidos pelo "Painel Intergovernamental de Mudanças Climáticas", apresentado por pesquisadores e especialistas internacionais, em 2 de fevereiro de 2007, no decorrer do Fórum Econômico Mundial de Davos, realizado na Suíça, entre janeiro e fevereiro de 2007[85]. No ano seguinte, Rajendra Pachauri, diretor do Painel Intergovernamental sobre Mudança Climática, salientou que "o acesso à água será um dos maiores problemas da América Latina no futuro" – aspecto que "afetará diretamente a agricultura"[86].

Se as autoridades responsáveis e a população mundial se mobilizarem, a educação patrimonial no campo ambiental e cultural será de grande valia. Sobretudo porque tenderá a suscitar a integração individual e coletiva e, quiçá, uma consciência diferenciada a respeito do patrimônio. Talvez, a relação ensino-aprendizagem nessa área possa favorecer a convivência dos homens com a coletividade e com o meio onde vivem. Nesse contexto, a educação patrimonial constitui, como alega Maria Luiza Horta[87], um método pedagógico constante e regular, capaz de, por meio da fonte primária (ou seja, dos bens patrimoniais diversos), propiciar o desenvolvimento individual e coletivo.

Essa abordagem, quando iniciada na própria escola, por um lado, enceta a valorização do edifício e da área que circunda as suas instalações, ou seja, o prédio, as áreas de entretenimento e outros espaços que possam figurar como bens coletivos, como a biblioteca e os livros que ela armazena. E, por outro, estimular os alunos a ajuizarem os bens culturais de suas próprias famílias, de seus bairros, de sua cidade. Daí a necessidade de difundirmos a legislação que trata as questões do patrimônio e veicularmos as informações sobre os decretos que normatizam as ações no campo do patrimônio cultural e ambiental, tais como: o tombamento dos bens materiais (móveis e imóveis), o registro dos bens imateriais, as regras de proteção dos parques nacionais e demais áreas caracterizadas pela biodiversidade.

---

[85] *Folha de S. Paulo*, 2/2/2007
[86] Ver matéria "Falta de água na América Latina", no acervo digital da revista *Veja* (24/1/2008): http://veja.abril.com.br/noticia/internacional/falta-agua-america-latina-328913.shtml Acessado em 15/5/2008).
[87] Maria Luiza Horta, *Guia básico de educação patrimonial* (Brasília: Iphan – Museu Imperial, 1999) e "Lições das coisas: o enigma e o desafio da educação patrimonial", em *Revista do Patrimônio Histórico e Artístico Nacional*, n° 31, Brasília, Iphan, 2004.

Nós, educadores, precisamos difundir a ideia de que a sociedade que não respeita o patrimônio cultural e natural em toda a sua diversidade corre o risco de perder a identidade e enfraquecer seus valores mais singulares, inviabilizando o exercício da cidadania. Nesse sentido, assumimos como professores, fundamental importância na formação de nossos alunos e na profusão de informações a respeito do processo de reconhecimento das identidades étnicas e do desenvolvimento de reflexões a propósito do significado coletivo e plural da história e das políticas de conservação. A formação transdisciplinar dos alunos pode: a) fomentar o desejo de manutenção das práticas do passado sem prejuízo dos benefícios da tecnologia; b) promover a discussão acerca do manejo de distintas áreas tombadas, parques protegidos e sítios arqueológicos, bem como sobre a imputação de novos valores de uso aos imóveis restaurados, visando à manutenção dos bens naturais e culturais protegidos e preservados na dinâmica social e econômica da região ou cidade onde se inserem.

A incorporação desses valores certamente se multiplicará e trará perspectivas para um futuro melhor. Por certo, a produção de conhecimento nessa área contempla as inter-relações do meio natural com o social, incluindo a análise dos elementos determinantes desse processo, o papel dos diversos atores envolvidos e as formas de organização social capazes de aumentar o poder de decisão da população e dos especialistas nessa esfera.

Torna-se cada vez mais urgente desvendarmos os mitos que envolvem o tombamento e advertirmos nossa população, a começar pelas crianças e adolescentes, sobre os procedimentos necessários para a preservação do nosso maior patrimônio: o planeta Terra e os bens culturais que o integram. Estímulos dessa natureza suscitam o sentido de pertença desses pequenos cidadãos aos seus locais de origem, bem como a valorização de suas tradições e práticas culturais. Para tanto, convém ambicionarmos a irradiação da consciência da proteção não apenas dentro dos muros das escolas ou universidades, mas entre os líderes comunitários, agentes formadores e demais cidadãos.

Reflexões finais

Esclarecemos que as proposições que acabamos de apresentar visaram um texto de agradável leitura, estruturado de maneira a fomentar o estudo e a visão crítica sobre o fenômeno da patrimonização e as questões do meio na atualidade. A sugestão de exercícios, atividades lúdicas e afazeres complementares que abarcam a literatura comentada, a utilização de materiais audiovisuais e produções textuais buscaram facilitar a abordagem do tema no dia a dia da sala de aula, de acordo com o cotidiano dos estudantes. A apresentação de fragmentos de textos e fichas técnicas relativas à abordagem das mais diversas fontes documentais buscou oferecer subsídios iniciais ao trato das questões do patrimônio pelo professor.

Entendemos que a ordenação das noções acerca das articulações entre as histórias e as memórias, as identidades e os bens culturais, a preservação do meio e/ou da natureza e o aquecimento global, se coloca como prerrogativa para o desenvolvimento dos debates em torno da construção de discursos plurais, daí o fomento à diversidade e o respeito às diferenças explicitadas na introdução e no capítulo inicial. Com esse propósito, procedemos, no capítulo dois, ao levantamento de conceitos basais relativos à temática focalizada. Nesse mesmo sentido, apresentamos concisamente, no capítulo cinco, experiências realizadas no Brasil, no Chile e em Cuba, com vistas a instigar o professor a investir na sua formação e empenhar-se na ampliação de seus horizontes profissionais.

A orientação do educador mediante sugestões de leituras e estratégias para que ele possa, num futuro bem próximo, estabelecer metas diferenciadas nos seus planos de aula – objetivos que apostam também na preparação dos alunos para a recepção de novas experiências de aprendizagem e o envolvimento deles nessas tarefas – foi alvo dos capítulos três e quatro.

Sem negligenciar a possibilidade de incorporação de métodos adicionais e tampouco cercear a criatividade dos alunos e dos profissionais do ensino que irão desenvolvê-los, recomendamos uma série de atividades específicas e complementares sobre temas e problemas do patrimônio. Elas envolvem desde o contato com a bibliografia específica e a incorporação de fontes documentais diversificadas até a realização de discussões prévias de conteúdos, a inclusão de pesquisas relativas à história local e breves inventários resultantes da descoberta dos bens culturais locais pelos próprios alunos e educadores.

A relativização entre os inventários desses bens locais e a lista dos patrimônios nacionais materiais e imateriais, oficialmente reconhecidos, resultará na compreensão crítica da construção das memórias coletivas e dos discursos históricos que, em última instância, aperfeiçoará o aproveitamento dos conteúdos curriculares das disciplinas envolvidas nessa experiência[88].

Efetivamente, se os estudantes entreverem que todos os povos produzem cultura e que cada um deles tem maneiras diferentes de se expressar, eles apreenderão as dimensões da diversidade cultural e admitirão a inexistência de culturas mais importantes que outras. Portanto, perceberão que nosso país é pluricultural, em razão de sua extensão territorial e das várias etnias que contribuíram para o seu desenvolvimento e a formação das identidades regionais.

Por essa via, assinalamos, em concordância com Mauri Luiz Bessegato[89,] que uma das principais tarefas dos programas de educação patrimonial e de sua inclusão no ensino regular consiste no desvendamento dos significados dos bens culturais e naturais. Esse significado proporciona sentido às referências culturais, aos modos

---

[88] O projeto de extensão em licenciaturas "História local: a educação patrimonial e o exercício da cidadania", desenvolvido nas cidades de Bom Sucesso, Cambira e Marumbi (PR), vem demonstrando que propostas embasadas na metodologia sugerida nesse volume são relevantes. Os resultados alcançados têm surpreendido a própria coordenadora dra. Sandra C. A. Pelegrini e a equipe formada por três professoras, cinco acadêmicos dos cursos de graduação em arquitetura e urbanismo, história e pedagogia e um professor recém-formado e uma pos-graduanda do mestrado em historia (PPH) – todos vinculados à Universidade Estadual de Maringá. O projeto conta com o apoio financeiro do Programa "Universidade sem fronteiras" (Secretaria de Estado da Ciência Tecnologia e Ensino Superior do Paraná/Seti/PR)
[89] Mauri Luiz Bessegato, O patrimônio em sala de aula. fragmentos de ações educativas, cit., p. 32

de vida e às visões de mundo dos cidadãos no presente e no passado, num ciclo permanente de transformações e continuidades, contemplando novos elementos e signos visuais.

Almejamos ter ocasionado o interesse pelo patrimônio cultural nas suas mais diversas dimensões e colaborar para a dissipação de equívocos classificatórios e visões etnocentristas que tendem a distanciar as novas gerações dos bens culturais e das mais caras tradições de nossos ancestrais. O aprendizado nos tempos da globalização econômica e da uniformização das informações por distintas mídias precisa estar, para usar o vocabulário de nossos jovens, "antenado" às novas metodologias para instrumentalizá-las a seu favor.

Esse desafio é passível de realização desde que professores e estudantes se proponham a empreender esforços no sentido da superação dos percalços que envolvem as experiências novas e se convençam de que a história e múltipla, as identidades culturais são plurais e o exercício da cidadania e um direito de todos. A percepção das diferenças manifestas nos modos de vida de cada um, nas suas formas de ver o mundo e valorizar seus bens culturais deve suscitar o respeito entre os homens, e não a hierarquização social.

A dissimulação dos preconceitos étnicos, religiosos, sexuais ou de classe (entre tantas outras formas de intensificar e promover a violência) dificulta o acesso ao conhecimento, a preservação do patrimônio e ao pleno exercício da cidadania.

Se o objetivo inicial deste livro buscou reunir subsídios que tornem exequível a introdução da educação patrimonial nos planos de aula de nossos educadores, sua maior ambição centrou-se no desejo de contribuir para a formação de agentes multiplicadores da consciência preservacionista.

Portanto, com grande expectativa, retomamos as palavras confortantes e provocadoras do Greenpeace: "Ainda não é tarde demais!"

Sugestões de leitura, documentários, filmes e sites

O leitor que desejar aprofundar-se nesse tema poderá consultar livros especializados em patrimônio. Uma obra difundida internacionalmente é *A alegoria do patrimônio*, publicada em língua francesa na década de 1990 por Françoise Choay. Esse volume também foi editado em português (São Paulo: Estação Liberdade/Unesp, 2001). Além dele, vale a pena refletir sobre as proposições de Pierre Nora acerca da consciência do patrimônio no artigo "Conclusion dês entretiens", publicado em *Science et conscience du patrimoine: actes dês entretiens du patrimoine* (Paris: Librairie Fayard – Éditions du Patrimoine, 1997).

O patrimônio histórico e cultural, de autoria de Pedro Paulo Funari e Sandra Pelegrini (Rio de Janeiro: Zahar Editores, 2006); os artigos "Cultura e natureza: os desafios das práticas preservacionistas na esfera do patrimônio cultural e ambiental", publicado no Dossiê Natureza e Cultura (jul./2006), da *Revista Brasileira de História* (São Paulo: Anpuh, 2006); "A gestão do patrimônio imaterial brasileiro na contemporaneidade", da *História* [on-line] (Unesp, 2008, vol. 27, n° 2, pp. 145-173) e World Heritage Sites: Types and Laws, na *Encyclopaedia of Archaeology* (Oxford: Elsevier, 2007), todos de autoria de Sandra C. A. Pelegrini, constituem volumes pertinentes ao assunto.

Memória e patrimônio: ensaios contemporâneos, de Regina Abreu e Mário Chagas (Rio de Janeiro: DP&A, 2003); *A retórica da perda*: os discursos do patrimônio cultural no Brasil (Rio de Janeiro: Editora da UFRJ/MinC/Iphan, 2002) e *Antropologia dos objetos*: coleções, museus e patrimônios (Rio de Janeiro: MinC/Iphan/Demu, 2007), de José Reginaldo Santos Gonçalves; *O que é patrimônio histórico*, de Carlos Lemos (São Paulo: Brasiliense, 2000); *Consumidores e cidadãos*, de Nestor Canclini (Rio de Janeiro:

Editora da UFRJ, 2005) e *El patrimonio histórico y arqueológico*: valor y uso, de Josep Ballart (Barcelona: Ariel, 1997) também configuram obras referenciais.

A leitura de *Tombamento e participação popular* (São Paulo: Conselho Municipal de Preservação do Patrimônio Histórico, Cultural e Ambiental da Cidade de São Paulo, 2001); de "O desenvolvimento sustentável urbano", de J. Jokilehto, parte integrante do manual *Gestão do patrimônio cultural integrado*, editado por Sílvio Mendes Zancheti (Recife: Ceci/Universidade Federal de Pernambuco, 2002); "El patrimonio histórico o la riqueza de las regiones", de Luis César Herrero Prieto, incluso na coletânea *Turismo cultural: o patrimonio histórico como fuente de riqueza* (Valladolid: Fundación del Patrimonio Historico de Castilla y León, 2000); *Ruas curvas* versus *ruas retas*: a trajetória do urbanista Jorge de Macedo Vieira, de Rosana Steinke (Maringá: Eduem, 2007) e o artigos dos antropólogos Flávio Leonel Abreu da Silveira e Manuel Ferreira de Lima Filho, "Por uma antropologia do objeto documental: entre a alma nas coisas e a coisificação do objeto", publicado na revista *Horizontes Antropológicos* (Porto Alegre, ano 11, nº 23), pp. 37-50, jan./jun./2005) oferecem uma síntese de alguns dos principais conceitos que norteiam a problemática dos bens culturais, suas relações com a memória e a história local (discutidos no capítulo 2).

A acepção de patrimônio imaterial é contemplada em obras bastante acessíveis:

1) *Os sambas, as rodas, os bumbas, os meus e os bois*: a trajetória da salvaguarda dos bens imateriais no Brasil (1936-2006), publicada pelo Iphan (2006) e disponível em http://portal.iphan.gov.br.

2) *Cadernos de registro e políticas de salvaguarda para as culturas populares* (Rio de Janeiro: Iphan/CNFCP, 2005), no qual Andréa Falcão, além de apresentar noções sobre os bens intangíveis e estudos de caso sobre o tema, nos presenteia com o capítulo redigido por Márcia Sant'Anna, "Políticas públicas e salvaguarda do patrimônio cultural imaterial".

3) *Alimentação e cultura popular* (Rio de Janeiro: Funarte/ CNFCP, 2002), editado por José Reginaldo Santos, está centrado nas relações entre o patrimônio e os sistemas culinários. Particularmente, o texto de Elizabete Mendonça e Maria Dina Nogueira Pinto merece atenção.

4) *O que é patrimônio cultural imaterial* (São Paulo: Brasiliense, 2008), de Sandra C. A. Pelegrini e Pedro Paulo Funari.

As revistas eletrônicas *Patrimônio*, *Revista Museu*, *Memória e Patrimônio* encontram-se disponíveis em http://www.revista.iphan. gov.br, http://www.revistamuseu.com.br e http://www.cedap. assis.unesp.br/patrimonio_e_memoria também facilitam a pesquisa dos interessados.

A leitura das obras *Capoeira: uma expressão antropológica da cultura brasileira*, de Luiz S. Santos (Maringá: PPG/UEM, 2002, p. 34), *O corpo na capoeira*, volumes: Introdução ao estudo do corpo na capoeira e Breve Panorama, *Estórias e história da capoeira*, de Eusébio L. da Silva (Campinas: Editora da Univamp, 2008) e *Capoeira beyond Brazil: from a slave tradition to an international way of life*, Aniefre Essien (Berkeley/California: North Atlantic Books, 2008) pode contribuir para a compreensão da capoeira como patrimônio e prática desportiva nas escolas.

Experiências referentes a educação patrimonial podem ser constatadas na coletânea pioneira *Guia básico de educação patrimonial* (Brasília: Iphan/Museu Imperial, 1999), conduzida por Maria L. P. Horta, bem como no artigo "Lições das coisas: o enigma e o desafio da educação patrimonial", incorporado à *Revista do Patrimônio Histórico e Artístico Nacional*, n° 31, Brasília, Iphan, 2004, da mesma autora.

Não devemos nos esquecer das obras organizadas por Mauri Luiz Bessegato, André Luis Ramos Soares e Saul Eduardo S. Milder, respectivamente, *O patrimônio em sala de aula*: fragmentos de ações educativas (Santa Maria: UFSM/Lepa, 2003), *Educação patrimonial*: relatos e experiências (Santa Maria: Editora UFSM, 2003) e *Educação patrimonial*: perspectivas (Santa Maria: Ufsam/Laboratório de

Estudos e Pesquisas Arqueológicas, 2005). Cabe-nos salientar a relevância do artigo de Márcia Solange Volkmer, "O lúdico e o patrimônio: uma proposta pedagógica", inserido no volume organizado por Milder (2005, pp. 25-46), uma vez que a autora relata sua experiência como professora do ensino fundamental e propõe exercícios práticos testados entre as suas turmas. Algumas de suas sugestões foram incorporadas no nosso livro.

Nessa esfera, cabe ainda salientar *Tesouros do Brasil* (São Paulo: Fiat do Brasil, 2004) e *Um retrato da presença da educação ambiental no ensino fundamental brasileiro*: o percurso de um processo acelerado de expansão, de Alinne Veiga, Érica Amorim e Mauricio Blanco (Brasília: Inep/MEC/Instituto Nacional de Estudos e Pesquisas Educacionais Anísio Teixeira, 2005), um balanço conciso sobre a educação ambiental encontra-se disponível em http://www.inep.gov.br/publicacoes.

O contato direto com os Parâmetros Curriculares Nacionais é imprescindível. Nesse caso, vale a pena ponderar acerca das proposições expressas nos PCN – *História e geografia*: pluralidade cultural e meio ambiente. Disponíveis de forma impressa e também em http://www.mec.gov.br/sef/sef/pcn5a8.shtm. Também vale conhecer o artigo "Projeto pedagógico dos Parâmetros Curriculares Nacionais: identidade nacional e consciência histórica", de Ernesta Zamboni, no Cadernos Cedes, vol. 23, n° 61, 2003, pp. 367-377.

Além dessas obras, convém analisar *Ensino fundamental*: propostas curriculares oficiais (Brasília: MEC/SEF – Fundação Carlos Chagas/Unesco, 1996), *Ação cultural para a liberdade e outros escritos*, de Paulo Freire (Rio de Janeiro: Paz e Terra, 1987), *A educação no século XXI*: os desafios do futuro imediato, organizado por Francisco Imbernón (Porto Alegre: Artes Médicas Sul, 2000), *Revista Brasileira de Estudos Pedagógicos* (Brasília: Instituto Nacional de Estudos e Pesquisas Educacionais Anísio Teixeira/Inep, vol. 86, n°s 213-214, 2006), em especial o texto "Interdisciplinaridade e transversalidade mediante projetos temáticos", de autoria de Silvia Elizabeth Moraes, impresso entre as páginas 38 e 54.

Sobre a educação patrimonial na América Latina e no Caribe, recomendamos o texto de Frank Arteaga, J. Ignácio Reyes González e Angel F. Jevey, "La enseñanza de los valores patrimoniales en la escuela primaria en Cuba", incluso no *Livro de memorias del XV*: Simposio Internacional de Didáctica de las Ciencias Sociales (Cuenca/España, 2003), cujo teor problematiza a aprendizagem dos significados dos bens culturais no circuito escolar cubano. Inclui-se nessa linha de abordagem, o artigo de Rosário Mena, "El patrimonio cultural en la educación chilena: despertar a la identidad", publicado em março de 2003, no periódico *Nuestro – Notas y Reportajes*, disponível em http://www.nuestro.cl.

Aos interessados no patrimônio cubano convém indicarmos: *Aprendiendo historia en el museo*, de H. Díaz (Habana: Pueblo y Educación, 1991), "Patrimonio en Cuba: el caso de la Habana Vieja como sitio arqueológico", de L. Domínguez, integrante da revista *Diálogos*, vol. 9, nº 1 (Maringá: Revista do Departamento de História e do Programa de Pós-graduação em História – Universidade Estadual de Maringá, 2005), e, por fim, o *Programa y orientaciones metodológicas de história de Cuba en quinto e sexto grado en la escuela primaria*, do Ministério de Educação (Habana: Pueblo y Educación – Mined, 1993).

Com efeito, os dados contidos no "Informe del Ministerio de Educación", inseridos no *Boletín Mecesup*, Ministério de Educação de Chile – Mineduc, nº 2, Santiago/Chile, noviembre/2002, são elucidativos do ponto de vista da abordagem sobre os caminhos da educação patrimonial naquele país. As publicações de documentos indispensáveis nesse sentido podem ser acessadas pelo site do Consejo de Monumentos Nacionales, disponíveis em http://www.monumentos.cl/educacion.htm. Do mesmo modo, a obra *El baúl de mis tesoros*, de Beatriz García Huidobro (Santiago/Chile: Comissão Nacional de Cooperação da Unesco/Ministério de Educação de Chile, s/d), apresenta uma significativa contribuição para o trato dos bens culturais chilenos e experiências de ensino nessa área.

Para uma iniciação referente às questões da arqueologia recomendamos a leitura de *Arqueologia*, de Pedro Paulo Funari (São Paulo:

Contexto, 2003) e de *Arqueologia pública*, uma revista organizada pelo mesmo autor e por Erika M. Robrahn Gonzalez, nº 1 (São Paulo: NEE/Unicamp, 2006), revista *Diálogos* (Maringá, vol. 9, nº 1, 2005), que apresenta uma mesa-redonda voltada para a arqueologia da história em Cuba (por Lourdes S. Domínguez) e no Quilombo dos Palmares/Brasil (por Pedro Paulo Funari e Aline Carvalho), além dos impasses da preservação do patrimônio arqueológico e dos desafios da fruição do patrimônio cultural (por Sandra Pelegrini).

Entre as muitas obras que se ocupam da ecologia e do meio ambiente, recomendamos, pela linguagem clara e aprofundada, os livros de Enrique Leff, *Ecologia, capital e cultura*: racionalidade ambiental, democracia participativa e desenvolvimento sustentável (Blumenau: Edifurb, 2000), e de Carlos Walter Porto Gonçalves, *Os descaminhos do meio ambiente* (São Paulo: Contexto, 2001). Além deles, é de grande valia as análises realizadas pela historiadora Zélia Lopes da Silva, em "As percepções das elites brasileiras dos anos de 1930 sobre a natureza: das projeções simbólicas às normas para seu uso", publicada no livro organizado por Gilmar Arruda, intitulado *Natureza, fronteiras e territórios*: imagens e narrativas (Londrina: Eduel, 2005).

Informações acerca de projetos e matérias devotadas à ecologia e ao aquecimento global podem ser acessadas no site do Greenpeace (http://www.greenpeace.biz/projects.html), do Instituto Geológico de São Paulo (http://www.igeologico.sp.gov.br/historico.asp), no Portal Oficial do Governo do Estado de São Paulo (http://www.igeologico.sp.gov.br).

Manuel Castells e Stuart Hall, reconhecidos pensadores contemporâneos, publicaram *O poder da identidade* (Rio de Janeiro: Paz e Terra, 2000) e *A identidade cultural na pós-modernidade* (Rio de Janeiro: DP&A, 2005). A abordagem sobre as relações entre identidade e patrimônio também foram contempladas nos estudos de M. Arjona, *Patrimonio cultural e identidad* (Habana: Letras Cubanas, 1986) e na obra de M. Maffesoli, *No fundo das aparências* (Petrópolis: Vozes, 1996). Este último apresenta uma detalhada análise das relações entre o espaço urbano e as identidades culturais.

Discussões referentes à utilização de diversificadas fontes no ensino e na pesquisa científica são encontradas em obras como *O jornal na sala de aula*, de Maria Alice Faria (São Paulo: Contexto, 2002), *Dimensões da imagem*: interfaces teóricas e metodológicas, organizada por Sandra C. A. Pelegrini e Silvia H. Zanirato (Maringá: Eduem, 2005), *Como usar a televisão na sala de aula*, de Marcos Napolitano (São Paulo: Contexto, 2006), Entre Evas e uvas: textos geradores numa abordagem interacional para a alfabetização de adultos, em *Moara – Revista dos Cursos de Pós-Graduação em Letras da UFPA*, Belém, 2003, pp. 57-75.

Estudos específicos sobre "textos geradores" as fontes históricas integram coletâneas como *Domínios da história*, de Ciro F. Cardoso e Ronaldo Vainfas (Rio de Janeiro: Campus-Elsevier, 2005); *Fontes históricas* (São Paulo: Contexto, 2005) e *Novos temas nas aulas de história* (São Paulo, Contexto, 2009), organizados por Carla B. Pinsky; *História na sala de aula* (São Paulo: Contexto, 2004), de Leandro Karnal; *A história nova* (São Paulo: Martins Fontes, 1990), de Jacques Le Goff; *A história cultural*: entre práticas e representações (Lisboa: Difel, 1990), de Roger Chartier; *Mitos, emblemas e sinais*: morfologia e história (São Paulo: Companhia das Letras, 1989), de Carlo Ginzburg.

Particularmente, a utilização de imagens fotográficas e fílmicas na sala de aula pode ser embasada em volumes como *Realidades e ficções na trama fotográfica*, de Boris Kossoy (Cotia: Ateliê, 2002); *Cinema: arte da memória*, de Milton José de Almeida (São Paulo: Autores Associados, 1999); nos artigos "História e imagem: ficção teatral e linguagem cinematográfica", de Sandra Pelegrini, publicado em *Dimensões da imagem*: interfaces teóricas e metodológicas (Maringá: Eduem, 2005); "O cinema na produção historiográfica: um destaque à análise da narrativa fílmica", concebido pela mesma autora e por Thiago Pelegrini, inserido em *Introdução ao estudo de história. Formação de professores*: ensino à distância, nº 27 (Maringá: Eduem, 2005), organizado por Ailton J. Moreli; "Narradores de Javé: história, imagens e percepções", de Heloísa H. P. Cardoso, na *Fênix – Revista de História e Estudos Culturais*, vol. 5, ano 5, n° 2 - abril/maio/junho/2008, pp. 1-11 (disponível em site: http://revistafenix.pro.br) e, especialmente, na tese de doutoramento de Alexandre Busko Valim, defendida em 2006, na Universidade Federal Fluminense, intitulada *Imagens vigiadas*: uma história social do cinema no alvorecer da Guerra Fria, 1945-1954.

Carta constitucional, leis e decretos

Informações importantes para os interessados nas questões debatidas neste livro constam de documentos oficiais como: *Constituição da República do Brasil de 1988* (Brasília: Senado Federal, 1988), disponível em http://www6.senado.gov.br; *Decreto-Lei n° 25/1937* (principal instrumento jurídico utilizado pelo Iphan, dispõe inclusive sobre o tombamento dos bens móveis e imóveis), disponível em http://www.portal.iphan.gov.br; *Decreto-Lei n° 200/1967* (Ministério da Educação assume a competência do magistério, da cultura, do patrimônio histórico, arqueológico, científico e artístico, e dos desportos), disponível em http://www.portal.iphan.gov.br; *Decreto n° 3551/2000* (Registro de Bens Culturais de Natureza Imaterial), disponível em http://www.portal.iphan.gov.br; *Lei de Arqueologia 3.924/1961*, destinada à proteção de sítios arqueológicos, disponível em http://www.portal.iphan.gov.br; *Lei de Diretrizes e Bases da Educação Nacional n° 9.394/1996*, disponível em http://www.mec.gov.br/legis/pdf/LDB; *Ley de Nacionalización General y Gratuita de la Enseñanza en Cuba/1961*, disponível em http://www.saber.ula.ve/mundouniversitario; *Ley Orgánica Constitucional de Enseñanza/1990*, integrante da *Constitucional Law on Education n° 18.962* (Diario Oficial, March 10, 1990), disponível em http://trantor.sisib.uchile.cl.

Cartas patrimoniais

Entre os documentos produzidos por organizações como a Unesco, o Iphan e a Icomos, destacamos: *Carta de Atenas/1931, Carta de Fortaleza/1997, Declaração de Amsterdã/1975, Declaração* do México/1985, Eco-1992, disponíveis em http://www.portal. iphan.gov.br. Além deles, vale consultar: *Declaration concerning the intentional destruction of cultural heritage (2003)* e *Convention on the protection and promotion of the diversity of cultural expressions/2005* e *Protocolo de Kyoto/2004*, disponíveis em http://www.unesco.org.br.

Matérias jornalísticas

Os textos recentemente produzidos pela imprensa acerca das causas e consequências do aquecimento global e sobre as possibilidades de gestão do patrimônio constituem fontes salutares para o ensino: "18 praias de SP correm o risco de desaparecer – Erosão ameaça locais como Gonzaquinha e Guaratuba", *Folha de S.Paulo*, 4/2/2007, p. C1; "Especialistas atestam previsão de maior aquecimento global", *Tribuna da Imprensa* Online, Rio de Janeiro, em 2/2/2007, disponível em http://www.tribunadaimprensa.com.br/index.htm; "Guarujá planeja tirar quiosques da areia", *Folha de S.Paulo*, 4/2/2007, p. C4; "Patrimônio de aluguel – Governo estuda transformar edifícios históricos em hotéis e transferir seu gerenciamento para iniciativa privada", *Gazeta Mercantil*, 1º/9/2006, p. 8; "Painel Intergovernamental de Mudanças Climáticas", apresentado por pesquisadores e especialistas internacionais, em 2/2/2007, no decorrer do Fórum Econômico Mundial de Davos, realizado na Suíça, entre janeiro e fevereiro de 2007, *Folha de S.Paulo*, 2/2/2007; na *Folha Online* (28/1/2009), disponível em http://www1.folha.uol.com.br/folha/dinheiro/ult91u493710.shtml, acessado em 28/1/2009; "Representante de Obama em Davos promete e pede maior cooperação", publicada em 29/1/2009, pela France Presse (Davos), *Folha Online*, disponível em http://www1.folha.uol.com.br/folha/dinheiro/ult91u496054.shtml, acessada em 30/1/2009. No acervo digital da revista *Veja*, encontramos inúmeras matérias sobre esse assunto. Entre elas: "Falta de água na América Latina" (24/1/2008), disponível em http://veja.abril.com.br/noticia/internacional/falta-agua-america-latina-328913.shtml e http://veja.

abril.com.br/noticia/internacional/pessimismo-marca-inicio-forum-328749.shtml, acessados em 15/5/2009.

Com efeito, alguns telejornais e programas televisivos devem ser introduzidos nos debates com os alunos, tal como sugerimos ao longo deste livro. Para exemplificar, utilizamos: "Caos no clima: como será a terra no futuro", em *Revista Eletrônica do Fantástico*, 4/2/2007, disponível em http://fantastico.globo.com e "Globalização, aquecimento global e Iraque na pauta em Davos", vídeo que apresenta a matéria jornalística exibida pelo Jornal Hoje, da Rede Globo de Televisão, disponível em http://jornalhoje.globo.com.

Filmes, documentários e vídeos

Recomendamos a exibição do filme nacional *Narradores de Javé*, um drama de 100 minutos, cujo enredo se desenvolve a partir da possibilidade do desaparecimento da cidade de Javé, sob as águas de uma enorme usina hidrelétrica. Direção de arte e edição de Carla Caffé e Daniel Rezende. Essa película, encontrada em DVD (locadoras comerciais), é excepcionalmente indicada para o estudo das articulações entre as identidades, o patrimônio cultural e a construção das memórias coletivas. Os documentários produzidos pela BBC de Londres contribuem para o debate de temas atuais relativos à arqueologia e à cultura material. Entre eles encontramos *Os segredos das pirâmides*, *Coliseu, A arena da morte* e *O último dia de Pompeia*. Esse programa, também confeccionado em CD-ROM (duração: 20'00"), conta com uma entrevista do arqueólogo prof. dr. Pedro Paulo A. Funari (São Paulo: Editora Abril/BBC – British Broadcasting Corporation, 2005). *Planeta Terra* é outra série resultante da produção conjunta entre a BBC, a NHK e outras produtoras da Holanda, Suécia, Dinamarca e Inglaterra que aborda os percalços do meio ambiente e os enigmas das civilizações. Elas tratam de temas-chave como os efeitos da civilização sobre o meio ambiente, as consequências da devastação na vida humana, o problema da camada de ozônio.

Na mesma linha, *Mar sem fim* volta-se para a problematização dos aspectos socioambientais e impasses enfrentados pelas populações que vivem em áreas litorâneas. Interessante destacar que esse programa documenta as tradições praianas e fluviais e faz um registro das culturas regionais. Esses três documentários podem ser adquiridos na TV Cultura, em São Paulo, por meio do correio e de depósito bancário.

Em cima da hora: União Europeia anuncia medidas contra aquecimento global é um vídeo acessível pela internet que evidencia as mobilizações da União Europeia para minimizar o "efeito estufa" e o "aquecimento global", mediante a adoção de medidas que visam à utilização de energia renovável em substituição a fontes como o gás e o petróleo (exibido em 10/1/2007), disponível em http://video.globo.com/Videos/Player/Noticias.

Os vídeos da TV Escola também oferecem boas opções de enfoque: *Bumba (Seu Teodoro) meu boi* (duração: 20'00" – código: 2347); *Efeito estufa* (duração: 48'41" – código: 1377) e *Festas e danças do Brasil, parte I e II* (duração: 32'00" – código: 0732). Esses e outros programas realizados pelo Núcleo de Televisão Educativa (Secretaria de Estado da Educação, Governo do Distrito Federal) são distribuídos gratuitamente para os Núcleos Regionais de Educação.

Sobre a autora

Sandra C. A. Pelegrini é natural de São Paulo – capital. Os rumos de sua trajetória pessoal a levaram a viver na cidade de Assis, onde se graduou em história, na Faculdade de Ciências e Letras da Universidade Estadual Paulista, em 1988. Na mesma instituição, no ano de 1993, obteve o título de mestre em história e sociedade. Realizou o sonho de voltar à capital paulista e defendeu sua tese de doutorado em história social, na Faculdade de Letras e Ciências Humanas da Universidade de São Paulo, no ano de 2000.

No decorrer de todo esse tempo não abandonou sua paixão pelo estudo da história das artes, da estética e do patrimônio. Como docente do Centro de Ciências, Letras e Artes da Universidade Estadual de Maringá (UEM) atuou desde 1991 no ensino de história e, a partir do ano 2000, nos cursos de arquitetura e urbanismo e de mestrado em história, do qual foi coordenadora entre 2001 e 2003. Desde então, dedicou-se à linha de pesquisa "Fronteiras, populações e bens culturais" e aos cursos de especialização "Patrimônio cultural e memória social" e "História e sociedade" (UEM).

Desenvolveu os primeiros estudos de pós-doutorado no Núcleo de Estudos Estratégicos da Universidade de Campinas (NEE/Unicamp), entre 2005 e 2007, sob a tutela do prof. dr. Pedro Paulo Funari, onde teve a oportunidade de se dedicar integralmente às pesquisas relacionadas ao patrimônio cultural, graças à Bolsa de Estudos de Pós-Doutorado Júnior, concedida pelo CNPq. Nesse período, desenvolveu o projeto "A arqueologia de uma cidade. O Patrimônio cultural de Maringá, memória e fruição (1947-1999)". Como pesquisadora desse núcleo, aprofundou suas reflexões acerca das memórias, identidades e políticas preservacionistas na América Latina e no Caribe.

Ao coordenar o Centro de Estudos das Artes e do Patrimônio Cultural (Ceapac/UEM), organizou exposições relativas a releituras de artistas brasileiros, mostras de fotografias sobre o processo de transformação da paisagem urbana em Maringá e região, projetos de extensão como "História local: a educação patrimonial e o exercício da cidadania", do Programa "Universidade sem fronteiras" (USF), apoiado pela Secretaria de Estado da Ciência Tecnologia e Ensino Superior (Seti/Paraná). Experiências singulares como esta última vem lhe oferecendo a oportunidade de aproximar-se de comunidades de distintas etnias, professores e alunos do ensino básico.

Ao longo de sua carreira acadêmica, vem ministrando cursos de capacitação e especialização voltados para a história das artes, do patrimônio cultural e da utilização de imagens no ensino. Por conseguinte, as atividades de ensino e pesquisa coadunadas resultaram na publicação de vários capítulos de livros e artigos científicos, em revistas especializadas brasileiras e estrangeiras, verbetes sobre artes e patrimônio em enciclopédias nacionais e internacionais. Redigiu, entre outras, as obras *A UNE nos anos 60*: utopias e práticas políticas no Brasil (1998), *A Art Naïf. Patrimônio artístico paranaense*: cores, festas e paisagens sob a ótica de Lilia Lobo (2009), *O Patrimônio cultural e as cerimônias festivas ibero-americanas*: identidade, poder e religiosidade (2009). Entre as coedições mais recentes da autora, destacam-se: *O patrimônio histórico e cultural* (2006) e *O que é patrimônio cultural imaterial* (2008), bem como a organização de livros e anais como: *Patrimônio cultural e ambiental*: questões legais e conceituais (São Paulo: Annablume/Fapesp, 2009); *O espaço público*: configurações de olhares (2006); *Dimensões da imagem*: interfaces teóricas e metodológicas (2005); *Narrativas da pós-modernidade na pesquisa histórica* (2005); *História, espaço e meio ambiente* (2000).

Desde o ano 2000, vem participando de eventos nacionais e internacionais devotados à temática dos bens culturais materiais e imateriais, organizando fóruns de debate relativos à referida problemática e atuando em comissões que visam a defesa do patrimônio cultural e a reflexão acerca da gestão de políticas públicas nessa esfera. Como avaliadora de projetos relacionados à preservação e à inclusão social a serem implantados na América Latina e no Caribe, apoiados pelo Programa de Iberoamericano de Ciencia y Tecnología para el desarrollo – CYTED, com sede em Madri (Espanha), vem ampliando os seus conhecimentos sobre o desenvolvimento sustentável e seus interesses pela profusão da consciência da preservação, pela organização de museus comunitários e centros de memórias.

E-mail para contato é
sandrapelegrini@yahoo.com.br

E os portais são
www.dhi.uem.br
www.pph.uem.br
www.mbp.uem.br